T0278900

Ladra, relincha, maúlla

LYNN MCKENZIE

Ladra, relincha, maúlla

Traducido por Claudia Medrano González

KEPLER

Argentina – Chile – Colombia – España
Estados Unidos – México – Perú – Uruguay

Título original: *Bark, Neigh, Meow*
Editor original: Llewellyn Publications
Traducción: Claudia Medrano González

1.ª edición Abril 2023

Reservados todos los derechos. Queda rigurosamente prohibida, sin la autorización escrita de los titulares del *copyright*, bajo las sanciones establecidas en las leyes, la reproducción parcial o total de esta obra por cualquier medio o procedimiento, incluidos la reprografía y el tratamiento informático, así como la distribución de ejemplares mediante alquiler o préstamo público.

Copyright © 2022 by Lynn McKenzie
All Rights Reserved
© 2023 de la traducción *by* Claudia Medrano González
© 2023 *by* Ediciones Urano, S.A.U.
Plaza de los Reyes Magos, 8, piso 1.º C y D – 28007 Madrid
www.edicioneskepler.com

ISBN: 978-84-16344-79-6
E-ISBN: 978-84-19497-15-4
Depósito legal: B-2.462-2023

Impreso por: Rodesa, S.A. – Polígono Industrial San Miguel
Parcelas E7-E8 – 31132 Villatuerta (Navarra)

Impreso en España – *Printed in Spain*

A todos mis maestros,
humanos o animales,
con amor y gratitud.

Contenido

Parte IV
Los animales como sanadores

Parte V
Los animales como catalizadores

Parte VI
Los animales como puentes

Introducción
Los animales: mucho más que simples compañeros

«Algunas personas hablan con los animales.
Sin embargo, no son muchos quienes los escuchan.
Ese es el problema».

(A. A. MILNE)

¿Alguna vez has mirado a tu compañero peludo y te has preguntado qué intenta decirte?

Sin duda, tú sabes cuándo tiene hambre y si está cansado o enfermo. Es muy probable que identifiques sin dificultad si está contento, triste o enfadado. Puede que incluso lo conozcas lo suficiente para saber cuándo tiene una necesidad concreta o un deseo determinado. Pero ¿has ido más allá? ¿Has «escuchado» de verdad? ¿Has pensado alguna vez si es posible que nos comuniquemos con los animales de un modo más profundo —mucho más profundo—, muy por encima de lo básico? ¿Y si los animales pudieran conversar contigo, guiarte en la vida, aconsejarte, ayudar a mantenerte sano o incluso ser el catalizador para dar un rumbo totalmente nuevo a tu vida?

Creo, sin lugar a dudas, que los animales están en la tierra no solo para ser nuestros amigos y compañeros, sino también para hacernos partícipes de su inmensa sabiduría.

Cada animal posee grandes conocimientos que anhela compartir. Estoy en el convencimiento de que todos los seres «sintientes» —es decir, aquellos capaces de sentir emociones y con consciencia de sí mismos— somos iguales y, por tanto, de que los animales tienen alma, una esencia espiritual equivalente a la de los humanos. Ningún compañero peludo está aquí por casualidad; cada uno tiene un cometido único que cumplir. ¿Sería posible que el propósito de su existencia fuera «asociarse» contigo, guiarte y enseñarte?

Piensa en alguno de los amigos del reino animal con los que hayas compartido parte de tu vida. ¿Qué te atrajo de ellos? Ahora hazte la misma pregunta, pero desde su perspectiva. ¿Qué crees que los sedujo a ellos de ti? La mayoría de nosotros buscamos una conexión especial con un animal, pero ellos también pueden dejar muy claras sus preferencias. Es posible que hayas tenido una mascota con la que conectaras al instante, que te hiciera sentir su alma gemela. No es una imaginación o un artificio creado por tu mente; es algo dispuesto por el universo con el fin de reuniros a ti y a tu amigo peludo por una infinidad de razones perfectamente orquestadas que se irán desgranando a lo largo de vuestro tiempo juntos. Los animales son un recurso sin explotar, pueden ser fundamentales en nuestras vidas, durante las que actuarán como guías en la sanación, el aprendizaje y el propósito de nuestra alma.

Además, según mi experiencia —y aquí muchos me darán la razón—, a menudo tenemos la percepción de que somos nosotros quienes elegimos, salvamos o rescatamos un animal determinado, cuando en realidad puede ser al contrario, ser ellos quienes nos ayuden en los momentos difíciles con su increíble ingenio y capacidad de adaptación. Nos ofrecen un enorme consuelo que actúa sobre nosotros como un bálsamo curativo. Solo tenemos que aceptarlo. A cambio del amor y los cuidados que nosotros les proporcionamos, recibimos lo mismo multiplicado por diez.

Por estas razones —entre otras—, te invito a considerar la idea de que los animales son mucho más de lo que parecen, que ofrecen mucho más de lo que pensamos. Pueden cambiar nuestras vidas de múltiples formas inimaginables; solo tenemos que permitir que lo hagan. Si somos capaces de comunicarnos mejor con otras especies animales, sobre todo con aquellas con las que hemos establecido una relación más cercana, viviremos junto a ellas experiencias maravillosas que darán un nuevo enfoque a nuestra vida, pero que nos perderemos de no prestar la suficiente atención. Los animales poseen el poder para transformar cualquier aspecto de nuestra vida, así como la capacidad para marcar nuestro destino final. Nos ayudarán a cumplir nuestros sueños, a alcanzar todo el potencial que tenemos; en definitiva, nos ayudarán a conseguir un mayor grado de satisfacción y armonía.

Si eres uno de los que se preguntan cómo aprovechar todo ese poder renovador de la sabiduría de los animales, has llegado al libro adecuado. Aunque no tengas actualmente un animal de compañía, es probable que hayas tenido uno en el pasado, o tal vez conozcas a alguien con uno al que le tengas mucho cariño. Estos animales —y todos los que nos rodean— están ahí para ayudarnos, curarnos y estar en comunión con nosotros, siempre y cuando nos paremos a escuchar. Puede ser algo tan sencillo como un pájaro cantando cerca de tu ventana, una ardilla saltando de un árbol a otro, una mariposa revoloteando en tu camino o un perro o un gato callejero que se acerca a saludarte. Una vez seas plenamente consciente de la luz que los animales pueden insuflar en tu vida, es posible que nunca vuelvas a mirar la naturaleza con los mismos ojos.

Siempre inmersos en nuestra ajetreada rutina, no encontramos un momento de sosiego para apreciar la naturaleza, y mucho menos a los animales que nos rodean, ni siquiera a aquellos con los que compartimos nuestra vida diaria. El primer paso para escuchar a tu mascota es reducir la velocidad, apaciguar la mente y prestar atención. La naturaleza es un regalo de inspiración que hay que apreciar y los animales no son una excepción. Cada mascota guarda su propia sabiduría espiritual y espera compartirla con nosotros si tenemos la mente abierta.

He amado a los animales desde que puedo recordar; con ellos me siento en casa, en sintonía con su naturaleza. Desde que era una niña me desvivía por tenerlos cerca, por cuidarlos y conectar con ellos. Cuentan cómo un día que vi a un enorme pastor alemán corrí hacia él como si se tratara de un viejo amigo. Mi madre, primeriza y embarazada en ese momento de mi hermana, se asustó a la espera de la reacción del perro. Más tarde admitió lo aterrorizada que estuvo y el sentimiento de impotencia que la invadió por no poder detenerme antes de que saliese corriendo disparada hacia el pastor alemán. Por suerte se trataba de un alma dulce y bondadosa que aceptó el gesto infantil y probablemente disfrutó correspondiendo con el mismo cariño.

Unos años más tarde, cuando hacía un viaje familiar por carretera, vi por casualidad un conejo al que había atropellado un coche. Al parecer me afectó mucho ver al desafortunado animal fallecido y surgieron numerosas preguntas: ¿quién era ese conejito? ¿Por qué le había pasado esto? ¿Dónde estaba su mamá? ¿Y sus hermanos y hermanas? ¿Dónde estaba él ahora? Mi yo adulto se pregunta qué concepto del alma tenía de niña. Creo que ya a esa edad albergaba la idea de que el alma del conejito estaba a salvo en algún otro lugar. De cualquier modo, estoy segura de que mis padres se alegraron muchísimo de llegar a nuestro destino, porque no dejé de hacer preguntas durante todo el trayecto. Preguntas que, sin embargo, ¡continuaron semanas después!

Por supuesto, no tenía ni idea de que cada experiencia vivida con los animales, así como los lazos que había establecido con ellos, me llevarían finalmente a descubrir la pasión más profunda y vocación de mi vida: ser intuitiva, sanadora y, ahora, con su ayuda, guía de todos aquellos que quieren descubrir sus dones y habilidades únicas.

Solo sentía que amaba a los animales, que estaba cómoda en su compañía, que incluso los necesitaba cerca. Para mí eso era lo natural y lo extraño, que alguien no lo sintiera así.

A lo largo de mi vida, el empuje y el sendero que me han mostrado algunos animales han sido lo que me ha hecho llegar al lugar donde estoy. En cuanto conseguí escuchar y aceptar los consejos de mis queridos amigos del mundo animal, no solo hallé mi destino, sino que empecé a disfrutar de un sentimiento de plenitud. No era lo que había imaginado o planeado para mí, pero sí era el lugar exacto donde debía estar.

Antes de esa transformación trabajaba con éxito en el mundo de los negocios inmobiliarios; podría decirse que era feliz. No hubiera sido descabellado continuar por ese camino, pero sentía que faltaba algo. En el fondo era consciente de que el sector inmobiliario no era mi vocación, pero tampoco sabía si realmente tenía alguna. Entonces descubrí el campo de la comunicación animal, una afición de la que no era consciente, pero a medida que profundizaba en su conocimiento iba descubriendo con total claridad la meta de mi vida. Era algo irresistible: pronto me inundó una sensación de paz, alegría y plenitud que jamás había imaginado.

No fue un cambio radical, más bien algo gradual, paulatino. Durante un tiempo compaginé el trabajo con los estudios necesarios para llegar a ser psicoterapeuta espiritual; cada conocimiento nuevo que adquiría encendía en mi interior el deseo de saber más, de ir más lejos en el mundo de la metafísica. Pasé los siguientes quince años estudiando todo lo que encontraba sobre intuición, energía o sanación, y aprendiendo lo que podía sobre el reino invisible. Mi objetivo en ese proceso era trabajar con las personas, así que el papel que los animales iban tomando en ese ámbito me tomó un poco por sorpresa. Todo empezó a encajar cuando me di cuenta de que aquello que me enseñaban los animales podía utilizarlo para ayudar a las personas. La unión de esos mundos, poco a poco, iba revelando mi destino. Ahora, después de veintisiete años trabajando en este campo, me doy cuenta de que todo lo que me ha ocurrido en la vida ha sido necesario para cumplir una misión: la culminación de mi pasión y propósito en la vida. Las señales estuvieron ahí todo el tiempo; solo tenía que descubrir mi destino y seguir los pasos que me marcaba la vida.

Te cuento mi experiencia para que veas que mi vocación y mis habilidades tardaron en manifestarse; para mí, no fueron evidentes desde el principio. Todos tenemos la capacidad de encontrar nuestro propio camino; cada uno lo hará en su momento y a su manera. Yo solo estoy aquí para decirte que tú también puedes hacerlo y que los animales pueden ayudarte a conseguirlo. Si te sientes insatisfecho con tu carrera profesional o con alguna otra situación actual, quiero hacerte ver que no tiene por qué ser así. Tus sueños pueden hacerse realidad, puedes tener una vida plena. Todos poseemos pequeños dones que el universo nos invita a compartir con el mundo, pero antes tenemos que identificarlos, reconocerlos y aceptarlos por nosotros mismos.

A principios de los años noventa acuñé la expresión «intuitiva animal»; era un modo de referirme a mi trabajo y diferenciarlo de otros, ya que la mayoría de los profesionales de mi campo utilizan el título «comunicador de animales». La diferencia estriba, sobre todo, en que un comunicador recibe la información directamente del animal, a través de las sensaciones o las percepciones que le transmite a distancia. Es lo que también se conoce como «comunicación telepática entre especies». Mi caso es diferente: la información que recibo me llega gracias a una diversidad de canales —la telepatía, la misma que utilizan los comunicadores de animales, pero sobre todo con la ayuda de dones psíquicos e intuitivos como guías, ángeles, el universo, diversas fuentes de energía, el «clarisentimiento» o el sentimiento empático, la «claricognición» o, incluso, el conocimiento claro de algo sin razón aparente, cuando simplemente lo sabes—. Cada uno de estos caminos o métodos son igual de importantes y útiles a la hora de ayudar a los animales.

Otra de mis grandes pasiones es la curación; a ella he dedicado décadas de estudio y creo que el término «intuitiva animal» encaja muy bien con el trabajo de curación que hago.

Soy consciente de que algunos de los conceptos que se mencionan en este libro pueden resultar un poco extraños al lector. Tal vez te gusten los animales, pero no seas una persona demasiado espiritual, o puede que hayas elegido esta guía solo porque te atrajo la portada. La razón no importa: ahora estás aquí, leyendo, y este hecho por sí mismo obedece a un propósito. El tiempo divino, es decir, el tiempo perfecto, lo que ocurre en el momento que tiene que ocurrir, te ha traído hasta aquí; por eso, te invito a que mantengas la mente abierta con respecto a todo lo que puedas experimentar. Si lo haces, no terminarás la lectura de esta obra sin sentir algún cambio en el alma y en el corazón. No importan la edad, la educación, la trayectoria ni los éxitos; todo el mundo puede beneficiarse de la expansión de la conciencia. Crecer es lo que nos mantiene vibrantes, llenos de vida; de lo contrario, nos estancamos. En la vida hay mucho que aprender y descubrir.

A pesar de los años que llevo trabajando con personas y animales, por muchas experiencias que haya tenido, no dejan de sorprenderme las nuevas verdades y percepciones que continúo descubriendo. Cada vivencia nos ofrece oportunidades únicas, conceptos nuevos, pequeñas partes del todo, que es nuestro viaje en la tierra. Sumérgete en estas páginas, sin prejuicios, con la mente abierta y el espíritu dispuesto; si aprovechas la sabiduría eterna y te apoyas en las sugerencias que he recopilado en este libro, tu vida mejorará.

Y, si de algún modo estás familiarizado con los conceptos que se tratan, la experiencia también será maravillosa. Podrás hacer una inmersión más profunda en lo que ya conoces y has experimentado, enriqueciéndote con las perspectivas de otras personas.

No obstante, tanto si has tenido con anterioridad algún contacto con los animales y con el mundo espiritual como si no, estoy segura de que leerás algo que te afectará, que retumbará en tu interior y te marcará en algún aspecto, probablemente en varios.

El libro está dividido en seis secciones que recogen lo que los animales son y pueden llegar a ser para nosotros: compañeros, maestros, guías, sanadores, catalizadores y puentes. En cada sección se exploran las distintas formas con las que nuestros protagonistas ponen en práctica esos roles con nosotros y se ofrecen ejemplos prácticos para identificarlos. A su vez, las secciones se subdividen en tres capítulos; excepto la última, que tiene cuatro. En cada capítulo relato una historia sobre uno o dos animales concretos. Algunas vivencias son mías; otras, me las han transmitido clientes con los que he trabajado a lo largo de los años. Todas las experiencias son reales, aunque algunos nombres, así como pequeños detalles, se han cambiado por motivos de privacidad y confidencialidad. De cualquier modo, cada historia tiene su propio impacto y significado; sin duda, alguna te llegará a lo más profundo del alma. Ten en cuenta que cada una de ellas puede aplicarse a cualquier animal, sin importar la especie; por tanto, si lo narrado trata sobre un caballo, esto no significa que la línea de comunicación, curación o transformación sea válida solo para ellos. Es posible que te sientas más identificado o que seas más receptivo con unos animales que con otros; eso es normal, pero que eso no te impida pensar en las cabras, las iguanas, las gallinas o las llamas como animales de compañía. Tienes que ir más allá de solo los establecidos como los perros, los gatos o los caballos.

Si eres un escéptico, te reto a que escojas y leas una sola de las historias y compruebes si te conmueve de alguna manera. Recuerda que todas estas son experiencias reales vividas por alguien.

Cada capítulo, además del relato, contiene una lección seguida de un apartado para la reflexión que te ayudará a extrapolar a tu vida el tema tratado mientras evocas a los animales que has conocido.

Por último encontrarás un ejercicio que te permitirá, por un lado, conseguir una mayor conexión con los animales que hay a tu alrededor y, por otro, empezar a comunicarte con ellos para así poder recibir su sabiduría. Poco a poco, con pasos sencillos, te llevaré sin prisa pero sin pausa a descubrir sensaciones más profundas de lo que jamás hayas experimentado, incluso con las mascotas más queridas que tengas o hayas tenido cerca de ti. Ellas esperan ansiosas a que escuches todo lo que tengan que decirte.

Los ejercicios se han diseñado para guiarte en tus propias experiencias, para que lo hagas a tu manera; cada uno está basado en el anterior y con ellos se profundiza en el tema tratado en el capítulo. Te animo a que los leas despacio y los medites. También te aconsejo que vuelvas a ellos una vez que hayas concluido el libro: es muy probable que saques más provecho de estos ejercicios cuando tengas toda la información que te brinda esta obra y veas con mayor claridad cómo tus experiencias se unen y relacionan entre sí. Cuanto más practiques los ejercicios, más beneficios obtendrás.

Los animales nos enriquecen de muchas formas. Llegan hasta nosotros para marcar la diferencia en nuestra forma de vivir, en la de relacionarnos con los demás y en el cumplimiento del auténtico propósito de nuestra existencia. Una vez empieces a ver a los animales con otra perspectiva —tal y como desean ser vistos, es decir, como seres creados para regalarnos luz y poder—, todas tus relaciones con ellos empezarán a cambiar. El simple hecho de abrir tu mente a todo lo que pueden aportarnos podría ser el catalizador para establecer unas relaciones más profundas y satisfactorias con ellos, y también con las personas que te rodean.

Me despido con una cita de Abraham Maslow, psicólogo, investigador durante gran parte de su vida del comportamiento humano y creador de la conocida «jerarquía de necesidades de Maslow»: «En cualquier momento tenemos dos opciones: avanzar hacia el crecimiento o permanecer en la seguridad»[1].

Lo seguro aparenta ser lo más confortable, pero dar un paso adelante es lo que abre tu mente, tu corazón y tu alma a nuevas experiencias que pueden cambiarte la vida y obsequiarte con infinitas recompensas.

Así que lánzate conmigo, observa todo lo que puedes aprender de mis vivencias y de las de otros. Descubre las transformaciones que puedes experimentar y el auténtico sentido de tu propia vida y la de tus compañeros animales. Creo firmemente que te alegrarás de haber escogido este camino.

1. Abraham H. Maslow, *The Psychology of Science: A Reconnaissance* (Nueva York: Harper & Row, 1966), 22.

Parte I

Los animales como compañeros de vida

1

Unir las almas

«Mi tesoro no resplandece dentro de un joyero;
brilla bajo el sol y relincha en la noche».

(PROVERBIO BEDUINO)

Siempre me han fascinado los adagios y refranes antiguos, como el proverbio árabe que acabas de leer. Nos recuerdan que, a veces, debemos enfocar la vida desde otro prisma, disfrutar de los pequeños placeres que ofrece, actuar menos impulsados por el deber y más por el corazón. Cualquier amante de los caballos te asegurará que el placer de oírlos relinchar en la noche es, sin duda, un regalo caído del cielo, un trocito del paraíso en la tierra. Antes de descubrir mi vocación —ayudar a las personas y los animales— trabajé durante más de veinticinco años en el mundo de los negocios vendiendo bienes inmuebles en Canadá, mi país natal. Aunque, sin saberlo, a lo largo de esos años —incluso durante toda mi vida— los animales me habían estado preparando para entenderlos, para poder comunicarme con ellos y escribir la historia de mi primera conexión con un animal: Jasmine, una yegua hermosa, poseedora de un corazón salvaje y un espíritu indomable.

Tanto la historia de Jasmine como la mía propia comenzaron mucho antes de que nuestros caminos se cruzaran. Me crie en Toronto, cuando la ciudad todavía tenía muy próximos los grandes campos; era una época en que el bosque y las tierras de cultivo aún estaban al alcance de la mano. En cuanto hube crecido lo suficiente, escapaba a ese paraíso natural cuando tenía la menor oportunidad.

Un día, cuando tenía unos trece años, mi amiga Judy y yo salimos de excursión en bicicleta: queríamos disfrutar del aire fresco y de los caminos alejados del tráfico. Uno de los senderos nos condujo a un rancho; detrás de la pequeña valla de madera que rodeaba la propiedad, varios caballos pastaban sobre la hierba húmeda.

—Esto es lo que deberíamos hacer —dijo Judy mientras apostábamos las bicicletas para observar a los animales de cerca—: conseguir un trabajo en una granja con caballos.

—No nos pagarían ni un dólar —respondí—. No sabemos nada sobre caballos.

—¿Qué importa el dinero? —repuso con una sonrisa.

Mientras contemplaba a los caballos, que devoraban apacibles los vástagos de césped, me di cuenta de que Judy tenía razón. Disfrutar de ellos era recompensa más que suficiente.

No tardé mucho en conseguir un empleo en una granja vecina. Trabajaba a cambio de poder montar a caballo. Limpiaba los establos, alimentaba a los caballos, cuidaba de ellos y montaba a la menor oportunidad. Si bien me gustaban todos ellos, caí rendida ante una preciosa yegua negra de grandes proporciones llamada Midnight. Contaba con una envergadura de casi metro ochenta —un metro sesenta desde los cascos hasta la cruz, lo que suponía que me superaba en unos treinta y cinco centímetros—, pero poseía un temperamento dulce.

Disfrutaba montando en ella casi a diario. Cuando la pusieron en venta recuerdo que supliqué a mis padres que la comprasen. Sin embargo, mantener un caballo no era barato ni práctico.

Me sentí desolada cuando unos completos desconocidos adquirieron a Midnight, pero su partida no hizo más que afianzar mi determinación. A pesar de tener solo catorce años, conseguí un trabajo remunerado y ahorré cada centavo, decidida a comprar un caballo. Mis padres seguían oponiéndose a la idea; cada vez que sacaba el tema decían: «No vas a comprar un caballo, Lynn; no hay más que hablar».

Sin embargo, era una adolescente testaruda, tan indomable como los caballos que cuidaba: no aceptaba un «no» por respuesta. Tener un amigo equino empezó a ser una cuestión de vida o muerte. Del mismo modo que necesitaba el aire para respirar, también necesitaba un caballo al que querer, mimar y del cual aprender. En tan solo unos meses había pasado de no saber nada sobre el mundo equino a estar loca por ellos.

Al final, la perseverancia y el trabajo duro dieron sus frutos: cuando se acercaba mi decimoquinto aniversario, mis padres me dieron la gran noticia: ¡pronto íbamos a tener un caballo! Para empezar, me compraron una silla de montar, un aparejo muy caro que, a veces, vale más que el propio caballo. Sabía lo afortunada que era. Mis padres eligieron una montura de salto, al más puro estilo inglés y de gran calidad, fabricada en Alemania que, en efecto, costó más dinero que nuestro primer caballo.

La aprobación de mis padres avivó en mí la naturaleza impaciente propia de la juventud. Era la típica adolescente, con un grupo de amigos numeroso y un novio que jugaba en el equipo de fútbol, pero todo ello palidecía comparado con la perspectiva de tener un caballo. Cuando estaba tumbada en la cama me imaginaba cuidando del animal, subida en su lomo, trotando en la pista de entrenamiento o en el bosque. Repasaba los anuncios clasificados del *Toronto Star*, el periódico canadiense con mayor distribución del país, aterrorizada ante la posibilidad de que mis padres cambiasen de opinión antes de que encontrase al «indicado».

Y por fin llegó el día. Mi padre me llevó al encuentro de uno de los caballos que había visto anunciado, una hermosa yegua alazana. A esas alturas estaba tan ansiosa que habría comprado cualquier caballo, pero en cuanto lo vimos descubrimos que el animal tenía un defecto, uno de los llamados «vicios de establo». Movía la cabeza de lado a lado y cambiaba el peso de unas patas a otras con nerviosismo.

Habría pasado por alto casi cualquier defecto; puede que incluso la carencia de una extremidad. Sin embargo, mi monitor de equitación estaba en lo cierto al señalar que el caballo que tanto anhelaba conseguir sufriría un enorme desgaste en las articulaciones y, en consecuencia, tendría una vida llena de dificultades. Por si esto fuera poco, la yegua no sería bienvenida en ningún centro ecuestre, ya que ese nerviosismo —resultado de pasar mucho tiempo encerrada en el establo— era un vicio difícil de manejar y que podía extenderse al resto de los caballos. El hábitat natural de un equino es el campo, donde puede galopar con libertad, no un establo ni un camión de transporte.

He mencionado la palabra «camión» porque, ante las prisas de mi padre por encontrar un caballo menos problemático, el dueño de la hípica nos puso en contacto con un criador local. Pocos días después, el vendedor apareció en un camión de apenas cuatro metros cuadrados donde albergaba media docena de caballos. Los pobres animales iban tan apretados como sardinas en lata. El primero en salir disparado de la caravana fue una yegua de capa dorada, brillante, con una desordenada melena oscura y una cola tan larga que rozaba el ras del suelo. El animal parecía consciente de su situación con esa mirada alerta y encendida. Fue amor a primera vista.

Tenía un aspecto poco respetable y un comportamiento nervioso, a imagen y semejanza del vendedor, un tipo atrevido con un cigarrillo mal enrollado sobre el labio inferior y que parecía más interesado en endosar caballos a adolescentes ingenuas que en cerciorarse de si los habían entrenado o montado alguna vez. Con todo, la yegua se me antojó hermosa, elegante, tan resplandeciente como un Maserati deportivo. La realidad es que el animal que compré ese día estaba en un estado bastante descuidado, desaliñado por completo, llevaba el lomo medio cubierto por una manta de invierno sujeta con un imperdible; seguramente se trataba de un arreglo de última hora ideado por aquel hombre para que tuviese cierto parecido con un caballo de monta inglés. Aun así, la yegua era un diamante en bruto, si bien yo era la única que podía verlo. Estaba segura, podía sentirlo. La quería para mí. Era como si el destino hubiese decidido juntarnos.

Decidí que se llamaría Jasmine. Tan pronto como volví a poner los pies en la tierra, me di cuenta de que tenía años luz de trabajo por delante. La monté enseguida. Noté que se sentía libre conmigo arriba. A pesar de la apariencia hosca, yo sabía que albergaba una gran belleza en su interior. Pero Jasmine había llegado a mi vida para introducirme en el mundo espiritual, para ayudarme a comprender el cuerpo, la mente y las emociones. Y para ayudarme me puso a prueba de inmediato. Se alzó de improviso sobre las poderosas patas traseras, con tanta fuerza que casi volcó del impulso. Yo me aferré a ella, solté las riendas y me abracé a su cuello; una de las maniobras que me había enseñado mi entrenador durante las clases de equitación. Sin embargo, Jasmine no había terminado conmigo. En su afán por derribarme hizo despliegue de unas habilidades acrobáticas increíbles, con saltos, giros y corcoveos dignos de un rodeo. De nuevo, a pesar de los esfuerzos, no consiguió tirarme al suelo: resistir me proporcionó seguridad y fuerza. Después de Jasmine, ninguna montura ha conseguido derribarme. Había pasado la prueba.

Poco a poco, las dos acabamos convirtiéndonos en una. No en el plano corporal —aunque la proximidad física me salvó más de una vez de acabar con el cuello partido—, sino en el espiritual. Estábamos tan unidas que, hoy por hoy, esa conexión no me abandona. Por supuesto, entonces no era consciente; pero, cuanto más tiempo pasaba con Jasmine, más iba empapando el alma de conocimiento. Sin saberlo me preparaba para establecer un vínculo espiritual con todos los animales.

Pronto entendí que la relación que había forjado con Jasmine era mucho más profunda que cualquier otra que mantuviera en mi ajetreada vida de adolescente. Deseaba pasar todo el tiempo a su lado. Cada tarde, al volver de clase, preparaba un tentempié a toda prisa —por regla general, un sándwich de mantequilla de cacahuete— antes de tomar la línea de autobús de Markham Transit que conducía a la granja. La mayoría de los días montaba a Jasmine, y cuando no lo hacía le cepillaba el pelaje o hablaba con ella sin parar. Después de pasar el día en el instituto había muchas cosas que deseaba contarle, de modo que me quedaba en los establos hasta el anochecer, cuando mis padres venían a recogerme.

Nuestras almas habían conectado; pasábamos tanto tiempo juntas que nos habíamos fusionado en un solo espíritu. Jasmine me había ayudado a conectar con la naturaleza, a darle un nuevo significado a otros aspectos de mi vida. Mis amigos también se habían percatado de ello.

Estaba obsesionada con los caballos, era verdad; pero nunca imaginé que podría forjar un vínculo tan profundo, puede que incluso mágico, con un animal. Jasmine y yo éramos mucho más que amigas. Por supuesto, ninguna abandonó sus viejas costumbres: ella continuaba encabritándose, saltando y haciendo piruetas, mientras yo me aferraba al lomo descomunal echando mano de todas mis fuerzas con una sonrisa de felicidad dibujada en el rostro.

Al cabo de un tiempo decidí trasladar a Jasmine a una granja mejor equipada, donde podíamos cabalgar por extensos senderos boscosos. Viví junto a ella la verdadera magia de la naturaleza. Entretanto, la enseñé a saltar obstáculos en la pista de entrenamiento. Cuando estuvimos preparadas salimos campo a través; a veces galopábamos por los terrenos agrícolas y otras nos adentrábamos en el sotobosque, a menudo sin montura. ¿Un poco temerario quizá? Es posible; pero, si estábamos juntas, no teníamos miedo a nada.

A pesar de la relación tan íntima, Jasmine conservó su carácter independiente. No dudaba en establecer límites: si no quería saltar, no lo hacía, sin importar cómo se lo pidiera. Mudaba el pelaje con cada estación, como las hojas en otoño, pero nunca su espíritu, al que siempre se mantuvo fiel. Fue en los espacios abiertos y salvajes donde comenzó a introducirme en el mundo de la intuición, tan familiar para ella como desconocido para mí en aquel entonces. Jasmine era una gran maestra: poseía unas habilidades comunicativas inmejorables que le servían para interactuar conmigo con la misma facilidad que con otros caballos. La yegua alazana nunca se alejaba de mí, siempre caminaba a mi lado, si bien en la dirección que ella elegía.

Los caballos no son animales ruidosos, no rugen ni tampoco maúllan o ladran, sino que emiten tres voces básicas: el relincho, el resoplido y el resuello. A veces se les puede escuchar cuando gruñen, gimen o suspiran. Jasmine utilizaba todos estos sonidos, pero también se comunicaba a través del lenguaje corporal, por ejemplo, mediante la posición de las orejas o el cuello. Puede que incluso mediante otros matices que los humanos aún no hemos aprendido a distinguir.

Cuando galopábamos por el campo o por los claros del bosque sentía lo exultante que estaba por la cercanía a la naturaleza. Lo notaba en cada fibra de mi ser, a través de la montura, en su modo de trotar. Los instintos que avivaban en ella florecían en mí; nuestras energías se mezclaban. Más tarde comprendí que esa conjunción supuso el nacimiento de los dones psíquicos que, poco a poco, aprendí a inculcar a otros, de la conciencia de que la vida no se limita a lo que el ojo ve.

A veces, mientras cabalgábamos por el bosque, Jasmine volvía el semblante con brusquedad hacia un lado, alerta. Después de que se repitiera el episodio varias veces, por fin logré ver qué captaba su atención: un hermoso halcón de cola roja que volaba por encima de nosotras. No obstante, no fue hasta mucho después cuando conseguí comprender la conexión entre la yegua alazana y los halcones.

Jasmine se convirtió en el tesoro más preciado, en la joya más valiosa que resplandecía bajo el sol y relinchaba en la noche. Con el tiempo conseguí sacarla a pasear a la ciudad e incluso me dejó entrenarla lo suficiente para participar en algunas competiciones. No obstante, era el contacto con la naturaleza, donde respirábamos el aire puro y fresco, lo que de verdad nos unió en espíritu. Siempre tuve una sensibilidad especial hacia los animales —perros, gatos…; en realidad, cualquiera—, pero la conexión que afloró entre Jasmine y yo fue lo que de verdad me permitió estar en sintonía con ellos.

Desde que la conocí empecé a intuir y a sentir lo que los animales sabían y querían comunicar a los humanos. Sin embargo, esta percepción, que podríamos calificar de mística, tiene una historia extensa y bien documentada. Y es que, alrededor del año 460 a. C., un físico griego ya había escrito sobre el increíble vínculo entre los humanos y los animales, más en concreto entre las personas y los caballos. En la actualidad, los psicólogos utilizan la sabiduría y la sensibilidad de estos animales para la psicoterapia, la curación o el aprendizaje a través de experiencias, bien enfocado al desarrollo individual o a la mejora de las relaciones intergrupales. En definitiva, el tiempo que pasé con Jasmine me permitió fomentar mis habilidades psíquicas, formadas por dos componentes; por un lado, la percepción sensorial y, por otro, una fuerza del reino invisible, donde los animales comparten pensamientos y sentimientos. De ello hablaré en este libro. Estaré eternamente agradecida a mi querida Jasmine, mi primer caballo y mi primer amor, por todo lo que me enseñó.

Lección

Los animales son capaces de establecer un vínculo profundo con nosotros, pero puede llevarnos tiempo darnos cuenta de ello. A veces somos conscientes de esta conexión demasiado tarde y solo cuando observamos en retrospectiva reconocemos las profundas raíces del nudo que nos mantenía unidos a nuestro amigo para toda la vida. Cuanto más tiempo pasamos junto a los animales, más fácil resulta advertir la magnitud del vínculo y mayor será el beneficio que podremos extraer.

En mi caso fue Jasmine quien hizo de elemento conector entre la naturaleza, el reino invisible y yo. La amistad, el fuerte vínculo con ella me sirvieron para reconocer mis propios dones psíquicos e intuitivos. Mediante la fusión espiritual, la yegua alazana me ayudó a sentir, a trabajar los instintos, en ella inherentes de modo natural.

Los equinos son criaturas magníficas para enseñarnos a conectar con el mundo espiritual. Cuando estamos a lomos de uno de estos impresionantes seres, el cuerpo entero se sumerge en el mágico campo energético que emanan. Para que mi amistad con Jasmine floreciera no solo tuve que aprender a dejar que algunas variantes se escapasen de mi control, sino también a confiar en ella, en nuestro vínculo y en esa nueva versión de mí misma. Permitir que las cosas siguieran su curso me ayudó a madurar emocionalmente, a convertirme en una mejor amazona. Una vez fui capaz de dejar que las cosas fluyeran por sí mismas, ajenas a mi control, me convertí en un canal de energía puro y cristalino; pude bucear en el fondo de nuestra asociación y vivir una conexión plena con mi amiga la yegua.

Puede que, a lo largo de tu vida, hayas experimentado una atracción especial hacia uno o varios animales; si no, estoy segura de que habrá al menos uno que se haya ganado un lugar especial en tu memoria. Sin importar cuál sea tu caso, ese vínculo se merece tu atención. Como compañeros, los animales desempeñan el papel de entretejer con los seres humanos relaciones que enriquecerán o moldearán nuestras vidas; a menudo de un modo que no hubiésemos imaginado. Ellos están dispuestos a fusionarse con nuestra alma siempre que nosotros se lo permitamos.

Reflexión

Piensa en un animal con el que hayas tenido una profunda conexión o al que te hayas sentido unido, ya sea hace poco o en un pasado lejano; después, responde a las siguientes preguntas:

1. ¿De qué animal se trataba? ¿Cuál era su nombre?
2. ¿Qué conexión creaste con ese animal? ¿Por qué era especial?
3. ¿Qué impacto tuvo esa relación en tu vida?

Ejercicio: crear la conexión

Si queremos conectar con nuestra mascota y comunicarnos con ella, primero debemos aceptarla como una parte de nosotros, entender que tanto los animales como toda forma de vida son una extensión de nuestro propio ser. Solo conseguiremos esta perspectiva si somos capaces de deshacernos de todos los prejuicios y de cualquier sentimiento de superioridad con respecto a nuestros amigos peludos o cualquier otro ser viviente. Esto nos permitirá sentir, adquirir e interiorizar la sabiduría que los animales están dispuestos a compartir con nosotros.

Lo que te propongo a continuación es un ejercicio de meditación y visualización. A mis estudiantes a menudo les resulta difícil reflexionar en profundidad o recrear en la mente ciertas situaciones. Si ese es tu caso, lee con atención las instrucciones que te indico a continuación; si abres la mente y adoptas una actitud receptiva, te resultará más fácil llevar a cabo el ejercicio. Cuando acabes tómate unos instantes para que el subconsciente asimile la imagen que estás a punto crear con la idea de que, en algún momento, se volverá material. No importa si al principio no eres capaz de evocar una imagen concreta: hacer el ejercicio ya es un pequeño paso hacia la transformación.

Esta pequeña práctica te ayudará a establecer esa conexión con el reino animal:

1. Busca un lugar tranquilo, lejos de ruidos y distracciones, donde puedas relajarte sin que nadie te moleste.
2. Empieza por tomar una postura adecuada. Descruza los brazos y las piernas, endereza la espalda y ponte cómodo, ya sea tumbado o sentado.
3. Cuando te sientas relajado cierra los ojos.
4. Realiza dos respiraciones profundas y purificadoras: inhala por la nariz y exhala por la boca. Mientras tomas aire piensa que estás absorbiendo la energía curativa de la luz blanca universal y que, cuando exhalas, expulsas todas las preocupaciones, temores o dudas que puedas tener.
5. Visualízate sentado en un bello paraje natural, a ser posible uno que te resulte familiar.
6. Presta atención a tus latidos e identifica el ritmo.
7. Imagina que la madre tierra también tiene un latido. A continuación vuelve a pensar en el tuyo, pero esta vez sincronizado con el de la madre naturaleza. Hay para quienes resulta más fácil evocar el sonido rítmico de un tambor.
8. Una vez lo hayas conseguido imagina tus latidos y los de la madre tierra en sintonía con los del resto de seres

que existen en el universo. Primero con las criaturas de dos patas; después, con las de cuatro; a continuación, con las aladas, las acuáticas… y, finalmente, con los insectos, los reptiles o cualquier otra criatura que pueda existir. Tómate el tiempo que necesites para completar este paso.

9. Siente la armonía que nace fruto de esos latidos compartidos.

10. Rebusca en la mente —o incluso en el subconsciente— cualquier prejuicio hacia otros seres que puedas tener, cualquier sentimiento de superioridad; nota cómo, poco a poco, se separan de tu cuerpo. Mientras te preparas para deshacerte de ellos da las gracias por el papel que han desempeñado en tu vida.

11. Imagina que encierras todos esos pensamientos negativos en un globo que sujetas frente a ti. A la cuenta de tres suéltalo, deja que ascienda y se lleve consigo todas esas creencias que no te aportan nada, para que el universo las transforme en algo más positivo.

12. Reflexiona sobre cómo te sientes ahora que has dejado ir ese peso.

13. Luego riega a la madre tierra con tu amor y cariño, así como a todos los seres con los que has conectado durante el ejercicio de meditación. A continuación siente cómo recibes ese cariño de vuelta, pero multiplicado por diez.

14. Practica la meditación hasta que puedas atraer a ti este sentimiento de plenitud siempre que quieras.

15. Abre los ojos para volver al presente, consciente de que ahora estás conectado a la vida.

Puedes repetir este ejercicio tantas veces como sientas la necesidad de reconectar contigo mismo. Con el tiempo ese amor y ese cariño se convertirán en un sentimiento natural, formarán parte de tu subconsciente.

2

La experiencia de un vínculo profundo

«Los perros no son toda tu vida, pero hacen
que tu vida sea completa».

(ROGER CARAS)

Escorpia fue la quinta de los siete cachorritos de su camada. Se le dio ese nombre por haber nacido bajo el signo de Escorpio, único en todo el zodiaco por su intensidad, dotes imaginativas y energía emocional. Bendecidos con una increíble fuerza de voluntad y tenacidad, a los escorpios los suele acompañar el éxito en las empresas que acometen. Para su compañera humana y alma gemela, Shelley, no fue ninguna sorpresa que una centinela de la serie de animación *She-Ra: Princess of Power* tuviese el mismo nombre, porque Escorpia no tardó en convertirse en una poderosa guardiana para ella, una aliada y una compañera en todo momento.

«Escorpia fue preciosa desde el primer aliento —recuerda Shelley—. En el mismo instante en que nació supe que era mía. No podía ser de otra manera: Escorpio es un signo de agua, apasionado, cuya fuerza emana del mundo espiritual y los sentimientos. Al igual que sus compañeros de agua, Cáncer y Piscis, Escorpio se guía por la intuición y la clarividencia. Y Escorpia era todo eso y mucho más».

La mamá de Escorpia era la perrita del hijo de Shelley. El parto se desarrolló bajo la estrecha vigilancia de ambos, en un amplio ropero de casa. A pesar de que había mucho donde elegir, en cuanto el quinto cachorro vio la luz, Shelley no tuvo ninguna duda de que ese era el elegido porque, a pesar de que no había nada particular en su aspecto que lo hiciese destacar del resto de la camada, sintió una conexión instantánea: no pudo resistirse a la atracción que ejercía sobre ella la luz resplandeciente que emanaba del interior de la cachorrita. Mientras Shelley la acunaba entre sus brazos y la pequeña se acurrucaba contra ella, en lo más profundo del corazón sintió ese vínculo especial entre ambas.

Escorpia creció bajo los cuidados de Shelley hasta convertirse en un rottweiler fuerte, admirada por su aspecto hermoso, robusto y saludable. Vivían juntas y felices a las afueras de la ciudad de Kansas, donde disponían de un terreno de dos hectáreas. Escorpia, siempre alegre, parecía sonreír en todo momento. Incluso dormida irradiaba satisfacción y bienestar. Se convirtieron en un auténtico equipo, tanto cuando paseaban juntas como cuando se quedaban descansando en casa. A pesar de ser tan activa, a Escorpia le encantaba acurrucarse por las noches en el sofá, con la cabeza apoyada en el regazo de Shelley mientras esta leía un libro o veía la televisión.

Con Escorpia a su lado, Shelley nunca sintió miedo. Y es que aquel animal leía el corazón de las personas. Cuando intuía que alguien tenía malas intenciones, bastaba una mirada suya para hacerle saber que no era una buena idea molestar a

Shelley. A pesar de ello, Escorpia era amable y cariñosa; nunca habría hecho daño a nadie.

De hecho, le encantaba jugar con los niños de los vecinos, a los que trataba con delicadeza y mucha ternura. Incluso aceptaba de buen grado que la disfrazaran o la invitaran a tomar el té con ellos. Era bastante simple: cuando Shelley estaba allí, Escorpia era feliz, y Shelley era feliz cuando Escorpia estaba cerca. Eran auténticas almas gemelas. «Todavía puedo verla en la camioneta sacando la cabeza por la ventanilla —recordaba Shelley—, con las orejas ondeando al viento y esa gran sonrisa en la cara mientras recorríamos los caminos de tierra próximos a nuestra casa».

Pero era igual de feliz si estaba en casa. «Tenía un sitio —proseguía Shelley— donde le encantaba tumbarse a tomar el sol y desde el que vigilaba los campos con los ojos muy abiertos. Cuando me veía llegar corría hacia mí a toda velocidad con esa sonrisa en la cara. Siempre con esa sonrisa». Le fascinaba jugar con la pelota; su favorita era una de color naranja que Shelley le había regalado por Navidad cuando todavía era un cachorro. Cada vez que se reunían en su rincón predilecto, Escorpia se levantaba de un brinco y se escabullía tras los árboles que estaban cerca del estanque antes de reaparecer con la pelota en la boca, lista para jugar. Sin dejar de sonreír se acercaba a Shelley y la dejaba caer a sus pies con entusiasmo.

Una tarde de mucho calor, Escorpia me trajo la pelota y empezamos a jugar. Ese día debía de estar muy fuerte, porque la lancé muy lejos. Cayó más allá de la línea de árboles, en un pequeño arroyo en el límite de nuestra propiedad. Escorpia corrió tras ella hasta desaparecer de mi vista. Era consciente de que tardaría poco, pero el tiempo iba pasando y empecé a preocuparme. La oía chapotear, pero tardaba demasiado. Caminé durante varios minutos de un lado a otro hasta que, al final, me senté a esperar. Puede que ese día se hubiera alcanzado en Kansas una temperatura récord: no había ni una nube en el cielo, el sol calentaba sin piedad, el aire estaba tan caliente que parecía salido de un horno y el polvo se levantaba del suelo formando remolinos y cubriéndolo todo.

Por fin volvió trotando para devolverme la pelota, llena de ilusión y moviendo la cola. Se sacudió la humedad del arroyo, con lo que salpicó una cascada de gotas de agua fresca sobre mi piel caliente. Repleta de energía, con el pelaje mojado brillando al sol y la emoción escrita en la cara, dirigía la mirada a la pelota y después a mí antes de volverla de nuevo hacia el juguete. Con el ceño fruncido le pregunté: "¿Quieres repetir?". Como respuesta, Escorpia golpeaba el suelo una y otra vez con las patas delanteras, con movimientos vigorosos. En otras circunstancias no le habría dejado hacer tanto ejercicio con ese calor, pero el baño en el arroyo la había refrescado y pensé que volver al agua era buena idea.

«¡Ahí va!», gritó Shelley mientras lanzaba de nuevo la pelota al arroyo. Una vez más, Escorpia corrió tras ella hasta desaparecer entre los arbustos. Shelley oyó otra vez el chapoteo mientras esperaba. Pronto reapareció con la pelota en la boca. Nunca había mostrado un interés excesivo por ese arroyo; pero, tras la experiencia, parecía estar encantada. «Aquello se convirtió en nuestro juego favorito», me dijo Shelley. «Parecía significar mucho para Escorpia. Estaba claro que era un buen ejercicio para ella y, además, yo disfrutaba sentada a la sombra esperando a que regresara, mojada, feliz y victoriosa.

A su manera, sabía muy bien cómo decirme que ya había tenido suficiente. Después de correr tras la pelota una media docena de veces, la dejaba caer frente a mí, a un par de metros de distancia antes de venir a tumbarse a mi lado, a la sombra. Con la mirada le preguntaba: «¿Quieres volver a buscarla?». Ella sacudía la cabeza. «¿Seguro?». De nuevo negaba con la cabeza. Para Escorpia, el juego había acabado por ese día.

Pero esa no era la única diversión de Escorpia. Otro de sus pasatiempos favoritos era acompañar a Shelley siempre que salía a correr por los caminos de tierra cercanos a la casa. Shelley se sentía completamente segura a su lado, lo que les daba la oportunidad a ambas de adentrarse en rutas más alejadas y explorarlas. También era feliz cuando viajaban en la camioneta; encaramada en el asiento delantero, Escorpia miraba al frente con atención o sacaba la cabeza por la ventanilla para que la acariciara el aire. Eran grandes compañeras. Shelley nunca se sintió sola.

Un día, cuando ya había cumplido los diez años, Escorpia corrió tras su enemigo acérrimo: el gato que vivía en el granero vecino. Salió disparada y desapareció al doblar la esquina. Al principio, Shelley no le dio ninguna importancia —lo había visto cientos de veces—, pero empezó a preocuparse cuando Escorpia no acudía a su llamada. Después de varios intentos fallidos, Shelley fue en su busca. No estaba en el granero. Cuando por fin la vio sentada en mitad del camino, no se movía. Al darse cuenta de la situación, Shelley se quitó la camisa y, a modo de arnés, rodeó con ella el cuerpo de su mascota. Así, a duras penas, emprendieron un viaje lento y difícil hasta casa. Escorpia caminaba dando saltos sobre las patas delanteras, ayudada todo el camino por su compañera. En ese mismo momento, Shelley supo que ya nada volvería a ser igual. Por la noche permaneció a su lado durante horas.

A partir de entonces, la vida empezó a transcurrir a un ritmo más lento. Los paseos eran mucho más pausados, la pelota naranja quedó abandonada entre los arbustos y Escorpia cojeaba con frecuencia, azuzada por el dolor. A pesar de que físicamente no volvió a ser la misma, continuaba siendo una compañera inseparable y sonriente. La medicación que su veterinario, el doctor Thomas, le recetó para aliviar el dolor fue de gran ayuda, pero si algo estaba claro era que los buenos tiempos en los que había gozado de tanta energía y vitalidad pertenecían al pasado.

Escorpia le tomó un cariño especial al doctor Thomas. Aborrecía las visitas a la clínica veterinaria, pero el doctor supo ganársela a base de cariño, hasta que entre ellos surgió una conexión importante. Cada vez que entraba en la consulta, lo saludaba apoyándose contra su pierna mientras él le frotaba las orejas y le repetía que era su rottweiler favorito. Un día, cuando iban a una de las revisiones, Escorpia se negó en rotundo a salir de la furgoneta: no podía moverse. El doctor Thomas la examinó allí mismo, en el asiento delantero del vehículo, que estaba estacionado en el garaje de la clínica. «Era extraño, pero se notaba que había mucho afecto entre ellos», dijo Shelley.

Cuando terminó de explorar a Escorpia, la expresión en el rostro del doctor no presagiaba nada bueno. En efecto, entendió que era el momento de que Shelley se enfrentara a lo inevitable: el tiempo junto a Escorpia se estaba agotando. Tres meses antes de que cumpliera once años, Shelley supo que había llegado el momento. Los dolores eran constantes y su calidad de vida disminuía a pasos agigantados. Así que, con un profundo dolor en el corazón, Shelley llamó a la clínica y programó una última visita para dos días después.

«Fueron los dos días más duros y tristes de mi vida —recordaba Shelley—. Coloqué el colchón en el suelo y dormí junto a ella las dos noches: quería empaparme de toda su energía». Si bien Escorpia parecía encontrar cierto alivio entre los brazos de Shelley, esta también podía percibir el dolor que la perra estaba padeciendo. Por eso, cuando llegó el día previsto y el veterinario apareció puntual en la entrada, pertrechado con la medicación necesaria, supo que no se había equivocado. El doctor Thomas era un hombre compasivo que sentía mucho cariño por Escorpia y Shelley, por lo que, a pesar del dolor desgarrador que sentía en aquel instante, no podía sino conmoverse aún más ante el triste papel que aquel hombre tenía que desempeñar.

Decidieron hacerlo sobre el césped, en uno de los sitios favoritos de Escorpia, mirando hacia el estanque. El veterinario, después de colocar una mantita suave sobre la hierba, ayudó a Shelley a trasladar a Escorpia hasta el lugar.

La acomodaron sobre la manta; después, la dejaron unos minutos tranquila. A continuación, el doctor le administró un sedante para ayudar a que el proceso fuese más fácil. Cuando Shelley estuvo preparada, el doctor Thomas le aplicó la última inyección. El corazón de Escorpia se fue ralentizando hasta que, por último, dejó de latir. Fue en ese preciso instante cuando Shelley sintió cómo el espíritu de Escorpia abandonaba su cuerpo, llevándose también una parte del alma de ella. El sentimiento era tan fuerte que le dolía el corazón; nunca había experimentado nada igual.

Tras la muerte de Escorpia, Shelley recordaba: «Jamás había sentido tanta desolación. Estaba perdida sin mi compañera maravillosa; lloré durante meses. No podía salir del pozo de tristeza y depresión en que había caído. Era incapaz de seguir adelante, de enfrentarme al día a día». Toda la casa era un recuerdo constante de su querida Escorpia.

Fue entonces cuando leyó en Internet algo sobre mí, sobre la capacidad que he desarrollado para comunicarme con los animales, incluso con los que ya han cruzado. «No era algo que buscara, pero, mientras leía, algo se removió dentro de mí —contaba Shelley—. Solo pensar en ello me levantó el ánimo y me dio esperanza». Shelley no sabía si era la desesperación lo que la impulsaba a escribirme de inmediato un correo electrónico para acordar una cita; pero, si yo era capaz de conectar con Escorpia, ella estaba dispuesta a participar.

Cuando comenzamos, lo primero que Shelley quiso saber fue si Escorpia se encontraba bien. Le dije que sí, que estaba sentada a su lado, y que era muy feliz. A continuación le transmití el deseo de Escorpia de que ella también fuera feliz; algo que para Shelley había sido imposible desde la muerte de su preciosa compañera. Escorpia era muy comunicativa, lo que me dio la oportunidad de conocer rasgos de su personalidad, preferencias, aversiones y, sobre todo, la fuerza de la conexión que tenía con su compañera. Toda esta información, junto con el resto de enseñanzas que Escorpia había venido a darnos, se la transmití a Shelley. Fue increíble el alivio instantáneo que sintió mientras escuchaba cada detalle. Sabía que existía un vínculo especial, presentía que el espíritu de su amada perra aún la acompañaba, que la escuchaba cuando hablaba. Y ahora también sabía que Escorpia continuaba disfrutando junto a ella de los viajes en la camioneta. «De inmediato sentí que me quitaba un peso enorme de encima, como cuando el viento sopla con fuerza y se lleva los nubarrones. Salí de la sesión inmensamente aliviada, con una sensación de paz interior que no había tenido desde que Escorpia cayó enferma».

Aprovechó la ocasión para dar las gracias a Shelley por la vida maravillosa que había tenido junto a ella y por haberle dado el mejor regalo que se puede ofrecer a un amigo animal: poner fin a su vida de un modo tan placentero cuando ya no puede continuar. El encuentro sirvió también para que Shelley comprendiera que ella y Escorpia habían tenido muchas vidas juntas. Ahora Escorpia era su ángel de la guarda; siempre velaría por ella. Por último aseguré a Shelley que pronto volverían a estar juntas.

«No soy capaz de describir el consuelo y el amor que experimenté —decía Shelley—. Deseaba que la sesión no acabara nunca; durante semanas lloré a diario, pero con lágrimas de alegría».

Shelley aún lleva colgado el collar de Escorpia en el espejo retrovisor de la furgoneta. Lo hace para recordarse a sí misma que Escorpia siempre está a su lado, acompañándola en la vida y en la camioneta con la cabeza fuera, las orejas al viento y esa gran sonrisa de rottweiler en la cara. Siempre esa sonrisa...

Lección

Hay ocasiones en las que, de forma inesperada, podemos sentir una conexión instantánea e indiscutible con un animal. Puede que no sepamos con exactitud qué desencadena esa atracción mutua, pero de lo que sí estamos seguros es de que una fuerza intangible y contundente ha hecho nacer el amor, el vínculo indestructible entre dos almas gemelas. Esa unión, inspirada por el orden divino del universo —Dios, el espíritu, la energía, según cuáles sean tus creencias—, la percibimos con total claridad en el alma; si nos dejamos llevar, si seguimos la llamada, disfrutaremos de una vivencia plena y muy gratificante tanto para nosotros como para el animal. La chispa puede surgir incluso con un animal con el que, aunque no sea nuestro, tenemos mucho contacto. De cualquier modo, la experiencia será impactante, llegando a veces a cambiarnos la vida. Y esto puede suceder tanto si convivimos con nuestros animales como si las circunstancias no lo permiten, ya que la alianza puede establecerse de formas distintas. Lo que de verdad importa es sentir el nexo, valorarlo, disfrutarlo y, sobre todo, aprender lo que ellos están dispuestos a enseñar.

Shelley aprendió que Escorpia, además de poseer una gran intuición, era una fuente de sabiduría de la que bebió para conseguir el sosiego que necesitaba.

Shelley se sintió segura durante el tiempo que tuvo a Escorpia correteando a su alrededor; confiaba en el instinto protector que el animal tenía hacia ella, siempre alerta de cualquier señal de peligro.

Pero, ahora, Shelley estaba descubriendo que, más allá de ese vínculo, había otra conexión espiritual que trascendía el plano físico y con el que seguían conectadas a pesar de no poder verse. A partir de ese momento, Shelley supo que Escorpia, la guardiana, siempre estaría a su lado porque el lazo que las unía estaba por encima de lo corpóreo, que iba más allá de la muerte.

Si tenemos la suerte de vivir una conexión así con un animal, es importante valorarla, así como aprovechar todas las posibilidades que nos brinda para crecer en el plano espiritual y el personal.

Reflexión

Piensa en ese animal con el que, desde el primer momento, sentiste una gran cercanía, como si hubiese estado predestinado a compartir contigo un trayecto de la vida, a ser tu cómplice y amigo.

1. ¿Por qué esa conexión fue tan especial para ti?
2. ¿Qué sincronicidades —aparentes «coincidencias» en el tiempo— os unieron?
3. ¿Coincidió el momento de vuestro encuentro con algún acontecimiento especial?

Ejercicio: unir nuestros campos de energía

Todos los seres vivos generan un campo de energía. El contacto que establecemos con el campo energético de nuestros animales es lo que nos hará sentir esa familiaridad y conexión especial con ellos. Para simplificar, aquí solo haremos mención a uno de los tres cuerpos de los que se componen los seres vivos: el cuerpo sutil. También conocido como «aura», es el campo energético de cada uno, que se encuentra rodeando el cuerpo físico, dispuesto en capas o niveles, a modo de muñecas rusas. Estas capas que conforman la anatomía sutil son el cuerpo doble etéreo, el cuerpo emocional, el cuerpo mental y el cuerpo espiritual.

Es esta parte de nuestro ser, el campo energético, el lugar idóneo que tenemos que aprovechar para conectar unos con otros. Considero fundamental para la comunicación con los animales visualizar la unión de ambos campos energéticos, el nuestro propio y el del animal con que nos gustaría conectar.

Aquí tienes un ejercicio que te ayudará a conseguirlo:

1. Busca un lugar tranquilo, lejos de ruidos y distracciones, donde puedas relajarte sin que nadie te moleste.
2. Empieza por adoptar una postura adecuada. Descruza los brazos y las piernas, endereza la espalda, y ponte cómodo, ya sea tumbado o sentado.
3. Cuando te sientas relajado, cierra los ojos.

4. Haz un par de respiraciones profundas y purificadoras, inhalando por la nariz y exhalando por la boca. Mientras inhalas, piensa que estás absorbiendo la energía curativa de la luz blanca universal y que, cuando exhalas, expulsas las preocupaciones, los temores o las dudas que puedas tener.

5. Ahora me gustaría que visualizaras tu campo de energía o aura como un halo que emana del cuerpo y se extiende hasta el metro y medio a tu alrededor.

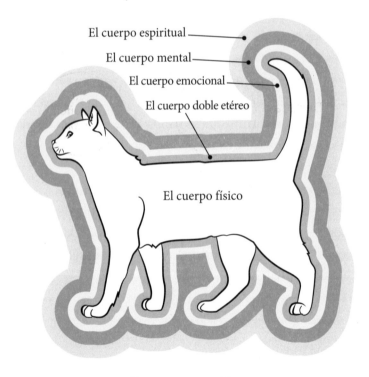

El cuerpo espiritual
El cuerpo mental
El cuerpo emocional
El cuerpo doble etéreo
El cuerpo físico

La anatomía sutil

6. A continuación, piensa en un compañero animal que esté vivo en este momento y trata de percibir ese halo de energía que lo envuelve y que, en este caso, puede

extenderse desde treinta centímetros hasta un metro ochenta, dependiendo de la especie que hayamos elegido. Por ejemplo, un gatito o un animal de tamaño pequeño tiene un campo más reducido, mientras que los caballos y otros animales de gran tamaño poseen un halo energético mayor.

7. Imagina ambos campos energéticos —el tuyo y el del animal— como si fuesen dos círculos de tamaño similar situados frente a ti.

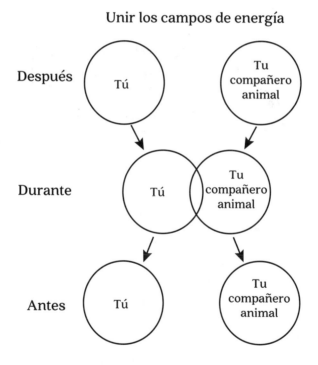

Unir los campos de energía

8. Ahora haz que se muevan hasta que una parte de cada uno de ellos —aproximadamente, un tercio— se super-

ponga sobre la otra. El área de intersección es el lugar donde las energías se unen y se conectan.

9. Analiza cómo te sientes cuando estás conectado con tu amigo animal.

10. Estate atento a cualquier sensación —ya sean pensamientos, sentimientos, visiones o recuerdos— y toma nota de ellos.

11. Cuando consideres que es el momento oportuno visibiliza los dos campos energéticos moviéndose de nuevo hasta separarse por completo. La desconexión es una buena medida de higiene energética: consigue que cada uno quede libre de la energía del otro.

12. Abre los ojos y vuelve al presente. Has dado un paso muy importante para el objetivo final: conectarte con un animal. Ahora ya sabes cuál es el método para lograrlo.

3
Un encuentro sagrado

«Todas las criaturas existen por una razón.
Incluso las hormigas conocen su propósito en la tierra;
puede que no sean conscientes de ello, pero,
de algún modo, lo saben».

(CIERVO COJO, SANTO DE LA TRIBU LAKHOTA).

—¡Nagi, ven aquí!

Silencio.

—¡Vamos, Nagi!

Sin respuesta. Todo lo que Asia oía era el frágil silbido del viento, que acariciaba la superficie del lago y sacudía las hojas de los árboles, además del rugido de su propio pulso en los oídos. Tragó la bilis que le trepaba por la garganta e hizo todo lo posible por no caer presa del pánico. No podía haber perdido a su preciado Nagi, ¿verdad?

Aquella aventura había empezado en Boston. Después de haberse graduado en la Universidad de Nuevo Hampshire, Asia había decidido abandonar la vieja y encorsetada Nueva Inglaterra junto a su novio Mike. Bajo los cielos despejados del oeste iba a buscar la iluminación, el propósito de su vida.

Después de despedirse de su madre y mentora espiritual —una clarividente dueña de una librería metafísica—, había metido las maletas en el Volkswagen pintado con los colores del arcoíris —seguramente consecuencia de las alucinaciones psicodélicas de alguien—.

Eran felices, jóvenes y libres; no les preocupaba lo que los demás pudieran pensar. Emprendieron el viaje decididos a vivir de acuerdo con los principios espirituales que Asia había estado estudiando. Su mentora, deslumbrada por las enseñanzas de John Fire o Lame Deer, el hombre santo del pueblo nativo americano lakhota, le había regalado un libro titulado *Lame Deer, Seeker of Visions*. La joven colocó con orgullo una copia de la obra sobre el salpicadero de la caravana: quería estar preparada para cuando lo necesitara.

El día anterior de tomar la NH4, la carretera que salía de Durham en dirección oeste, la pareja hizo una última visita a la gasolinera local para llenar el depósito de la furgoneta y comprobar la presión de los neumáticos y el aceite del motor. Mientras Mike echaba gasolina, Asia entró en una tienda de animales donde la iluminación era escasa. Mientras sus ojos se acostumbraban a la penumbra le llegaron los sonidos incesantes de distintos animales que se movían en la oscuridad. Cuando logró enfocar la vista reparó en una caja de cartón que había tras unos barrotes. Supuso que estaban ahí para evitar que el público manipulase demasiado a los animales, pero a ella le pareció más bien una cárcel. Con curiosidad, Asia se asomó al interior de la caja. Enseguida apareció una amalgama de orejitas peludas y ojos brillantes que emitía suaves maullidos: era una camada de gatitos.

Le parecieron de raza siamesa, a juzgar por la coloración más oscura en la cara. Casi de inmediato se fijó en uno de los cachorros, que avanzaba con tenacidad hacia ella, incluso trepando por encima de sus hermanos. La joven no pudo reprimir el impulso de acercar la mano a los barrotes y meter los dedos. El gatito se restregó contra ellos y, casi al instante, Asia sintió una especie de electricidad invadiendo su cuerpo, desde las yemas de los dedos hasta la boca del estómago, donde se instaló como una nube cálida y agradable.

Estaban a punto de abandonar la ciudad, sin embargo, tras esa conexión sabía que algo había cambiado dentro de ella. Hacía poco, su mentora le había dicho: «Hay un alma animal esperándote». Asia sabía que la atracción que sentía por aquellos hermosos seres formaba parte de su naturaleza. Mientras miraba los intensos ojos de color azul del gatito se preguntó si él sería su guía espiritual. A veces, esas criaturas nos acompañan a lo largo de toda la vida; nos guían del mismo modo en que lo haría un ángel de la guarda; otras, el animal coopera con la persona escogida durante un breve periodo de tiempo.

Sin importar cómo trabajaran los espíritus, Asia se encontraba en un punto de no retorno: iba a empezar una nueva vida, se dirigía al oeste con Mike. ¿Por qué su guía espiritual había tenido que aparecer justo en ese momento?

Ahuyentó esos pensamientos. Tampoco sacó el tema durante el trayecto de vuelta al apartamento semivacío debido a la mudanza. Intentó mantenerse ocupada con los últimos preparativos del viaje, pero no podía olvidar al gatito ni la sensación que le produjo el contacto del animal acurrucándose contra sus dedos.

Asia, que había estudiado francés en la Universidad, pensó que el vocablo *angoisse* definía a la perfección el hormigueo que le recorría todo el cuerpo. En español podríamos traducirlo por «angustia», aunque es un término demasiado lóbrego para describir el sentimiento tan maravilloso que la invadía en esos instantes. Al final, Asia le contó a Mike lo sucedido. Al instante, una sonrisa se dibujó en los labios del joven. Agarró las llaves del coche y juntos volvieron a la tienda de animales.

Si entre ese gatito y ella había una unión especial, necesitaba una señal que se lo confirmara. Pidió al dependiente que trajera la camada de siameses. El hombre abrió la caja, sacó dos gatitos idénticos y los tendió a la pareja. Asia reconoció al instante al pequeño que había acariciado con los dedos, ahora en manos de Mike. Ella sostenía a su hermano gemelo, que la arañaba tratando de huir. Cuando la pareja intercambió los cachorros, el otro siamés clavó con suavidad las uñas en el jersey de Asia sin dejar de ronronear. Cada vez que la joven intentaba bajarlo al suelo, el pequeño se agarraba a ella con más fuerza. No cabía duda: Asia había encontrado a su animal espiritual.

De vuelta al apartamento desmantelado, el cachorrito se puso a explorar su nuevo hogar mientras Asia pensaba en un nombre para él, pero, agotada, se quedó dormida. Durante el sueño, una criatura vino a visitarla. Se presentaba como uno de sus guías y le decía que el gato que ahora la acompañaba deseaba que lo llamasen Nagi; que esa dulce alma felina estaba allí para ayudarla a conectar con su esencia espiritual. Aún dormida, Asia supo que su mascota debía llamarse Nagi. Haber encontrado el nombre adecuado para el gatito actuó como una descarga de adrenalina por todo su cuerpo. Despertó con el corazón desbocado. Era un sentimiento tan obvio, tan plácido, que Asia estaba segura de que había tomado la decisión correcta.

—¿Dónde está? —preguntó a Mike.

Él miró alderredor. El animal parecía haber desaparecido. La pareja buscó entre las cajas de mudanza que quedaban en el suelo. «Pst, pst, pequeñín», lo llamaba Mike, sin éxito.

Preocupado, tomó una linterna para iluminar por debajo de los sofás y los sillones: quizá el cachorrito se había escondido allí. El joven esperaba volver a toparse en cualquier momento con la matita de pelo blanco y los penetrantes ojos azules, pero no había ni rastro.

La pareja empezaba a preocuparse: el apartamento no era demasiado grande; no había muchos lugares en los que mirar, cuando Asia gritó: «¡Nagi, ven aquí!».

En una fracción de segundo, el gatito corrió hacia ella desde la esquina de la diminuta cocina con las patitas derrapando por el parqué. Se acurrucó en el regazo de Asia y cerró los ojos a la vez que se deshacía en ronroneos.

Mike estaba perplejo. Apoyado sobre la escoba preguntó:

—¿Cómo ha pasado?

—Ese es su nombre —contestó ella—. Y él lo sabía.

Mike movió la cabeza de un lado para otro.

—¿Sabes? Tenía mis dudas —confesó—: traer un cachorro a casa justo antes de lanzarnos a un viaje por carretera… Pero, ahora que os veo juntos, estoy seguro de que hemos tomado la decisión correcta.

Se inclinó hacia Asia para besarla en la mejilla. Luego añadió:

—Creo que nuestro viaje espiritual ha empezado.

Iniciaron la ruta hacia el oeste, atravesaron carreteras y autopistas y durmieron bajo las estrellas, Nagi siempre dentro del saco de dormir de Asia. Le reconfortaba sentir el cuerpecito cálido acurrucado contra el suyo. El pelaje suave y la respiración delicada le provocaban un sentimiento de paz y plenitud que nunca había experimentado.

Al cabo de varias semanas de viaje, Mike y Asia decidieron acampar en el Parque de Mendota (Madison, Wisconsin), un precioso paraje natural donde imperaba la calma, con un sinfín de árboles que proporcionaban una agradable sombra y un lago enorme. Permanecieron allí durante varios días, sin hacer otra cosa que disfrutar de los cálidos rayos del sol o bañarse en el agua fresca. Era como si el tiempo se hubiera detenido. Pero todo lo que empieza tiene que acabar. Cuando llegó el día de volver a la carretera, la pareja no tardó en recoger el pequeño campamento improvisado. Mientras Mike terminaba de colocar las escasas pertenencias en el maletero, Asia empezó a buscar a Nagi. Hacía un rato que no lo veía. Aun así, estaba tranquila. El animal siempre andaba cerca; no tardaba en volver cuando ella lo llamaba.

—¡Vamos, Nagi! ¡Ven!

Como no aparecía, ocupó el asiento de copiloto de la caravana mientras esperaba. Entretanto, hojeó algunas páginas de su libro favorito, *Lame Deer, Seeker of Visions*. Para sorpresa de la joven, al cabo de unos minutos interminables, Nagi seguía sin aparecer.

—¡Nagi, ven aquí! —lo llamó de nuevo.

Silencio.

—¡Nagi, por favor!

Negándose a aceptar aquel silencio ensordecedor por respuesta, Asia empezó a ponerse nerviosa. Por alguna razón, Nagi había desaparecido del campamento. Por supuesto, los planes de abandonar el parque tuvieron que posponerse. La pareja pasó el resto del día buscando sin descanso mientras gritaban el nombre del cachorro. «¡Nagi, ven! ¡Nagi, vamos!». El alboroto llegó a los oídos de algunos extraños, que se sumaron a la búsqueda del bello gato siamés. El lago, hasta entonces apacible y perfecto para bañarse, se había convertido en una ominosa masa de agua demasiado peligrosa para un pequeño gatito. Varios piragüistas y equipos de kayak rastrearon la orilla mientras los campistas se adentraban en el bosque y llamaban a Nagi en un montón de lenguas diferentes. Había un sinfín de lugares donde un bebé siamés podría haberse escondido, quizá herido, pues numerosos depredadores vivían en el bosque que rodeaba la zona de acampada.

Sin embargo, la única respuesta que recibieron a todas las llamadas fue el silencio. A pesar de eso, Asia sabía en su fuero interno que la unión espiritual entre ella y Nagi, y el amor incondicional que se profesaban, triunfaría después de todo. Seguía sintiendo la presencia del gatito aunque no pudiera verlo.

Hasta ese momento todo era perfecto. Se habían dedicado a disfrutar de la madre naturaleza, a observar la Vía Láctea por las noches, con Nagi acostado sobre el pecho de Asia mientras ensoñaban una vida nueva y maravillosa. ¡Qué remanso de paz! Hasta que, de pronto, su viaje espiritual se había transformado en una montaña rusa de emociones.

Asia empezaba a estar desesperada, pero no iba a rendirse. Se acercaron hasta la ciudad para publicar un aviso en todos los periódicos de Madison —el *Wisconsin State Journal*, el *Badger Herald*, el *Capital Times* y el *Daily Cardinal*—. Incluyeron el número de teléfono de la oficina del padre de la joven para que cualquiera que tuviese alguna noticia sobre Nagi pudiese contactar con ellos. Mientras esperaban esa llamada tan deseada ayunaron para concentrarse en conectar con el espíritu del animal, limpiaron cualquier energía negativa que pudiese haber en sus corazones y se aseguraron de que Nagi supiese de algún modo que lo estaban buscando, que pronto volverían a reunirse.

Todas las tardes, Asia conducía hasta la ciudad, desde donde llamaba a la oficina de su padre; pero, día tras día, volvía sin respuesta. Estaba convencida de que Nagi seguía vivo, que estaba ahí fuera, buscándola en alguna parte. Sin embargo, a medida que pasaba el tiempo, iba perdiendo la esperanza de encontrarlo. Empezaron a sopesar la posibilidad de marcharse, a pesar del anhelo de Asia de encontrar a Nagi.

—No podemos quedarnos en Madison para siempre —dijo Mike.

La joven sabía que tenía razón.

Siete días después, Asia se encontraba tumbada tomando el sol. Intentaba conectar con la mente de Nagi. Era un cálido día de verano. Ni una sola nube oscurecía el cielo. Al cabo de un rato, la joven levantó la vista y vio un halcón de cola roja planeando sobre ella. Giraba en círculos, una vez, dos, tres, mientras seguía las corrientes de aire. Después, el ave dio media vuelta para dirigirse hacia el oeste. Basándose en la vista excepcional de estos halcones, en algunas culturas se afirma que, cuando una de estas aves rapaces sobrevuela lo bastante cerca, es posible experimentar premoniciones, ver el futuro.

Cuando el halcón daba vueltas por encima de ella, Asia tuvo una visión extraña en la que Nagi estaba en Boston con su padre. Se incorporó, sobresaltada, y miró a su alrededor buscando la respuesta a aquel acertijo. Su padre era una de las personas menos intuitivas que conocía: estaba segura de que él no la llamaba. No obstante, decidió ponerse en contacto con Judy, su secretaria y la persona encargada de filtrar todas las llamadas en la oficina: quizá alguien había respondido al anuncio.

No había teléfonos móviles por aquel entonces, de modo que, con el corazón en un puño, condujeron de vuelta a la ciudad, introdujeron varias monedas en una cabina telefónica y llamaron al padre de Asia.

—Asia, ¿eres tú? —preguntó Judy al otro lado de la línea—. No te lo vas a creer —añadió a toda prisa—: me ha llamado una mujer desde Madison para decir que ha encontrado a Nagi.

Asia dejó escapar un suspiro de alivio con la mirada anegada.

—¿Estás segura de que era él?

—Ella parecía estarlo —respondió Judy—. Su marido lo encontró y lo llevó a casa. Había visto tu anuncio, así que me llamó de inmediato. Dice que, en cuanto oye su nombre, Nagi viene corriendo.

Judy telefoneó a la mujer y acordaron llevar a Nagi al campamento de inmediato.

Cuando la pareja volvió al Parque de Mendota ya estaban allí esperándolos. Asia salió disparada del coche, corriendo hacia ellos, y Nagi se escabulló de las manos que lo sostenían para saltar a los brazos de su alma gemela. Ocultó la carita en el cuello de la joven mientras las lágrimas le empapaban el suave pelaje blanco. Pero no importaba: por fin se habían encontrado. Durante días, Nagi no se separó de Asia, que desde entonces nunca le quitó el ojo de encima.

Ahora que había recuperado a su pequeño, Asia veía las cosas de un modo diferente. Si bien ella y Mike tomaron rumbo hacia el oeste en busca de lo espiritual, no lo lograron de verdad hasta que Nagi desapareció. Ahora, con Nagi de vuelta y después de una semana de ayuno, plegarias y ceremonias sagradas, Asia se daba cuenta de que podía percibir con mayor facilidad el aura de otros animales, conectar con distintos almas guía. El halcón de cola roja había reconocido el fuerte vínculo espiritual entre Nagi y Asia; una conexión mágica que perduró los veinte años que pasaron juntos.

A partir de entonces, gato y dueña nunca se separaron, ni siquiera cuando ella lo dejó al cuidado de unos amigos de confianza durante los dos años que vivió en París. Porque Nagi y Asia hablaban a diario. No necesitaban un teléfono. Ella estaba segura de que Nagi la escuchaba. El animal sabía que su dueña seguía allí, que lo seguía amando, que pronto volvería a verla.

Con el paso de los años, Asia y su gato se asentaron en uno de los parajes más maravillosos de todo el planeta: Taos (Nuevo México), un lugar que encarna el viaje espiritual infinito, que va más allá de la existencia mortal. Es un paraje rodeado de un halo espiritual y arropado por las montañas de la Sangre de Cristo, que han inspirado a innumerables artistas, curanderos, músicos y escritores.

Nagi cuidó de Asia después de numerosas relaciones fallidas; también la consoló tras la repentina muerte de su familia —primero la de su padre, en un accidente de coche, y después la de su madre, a causa de una enfermedad fulminante—. Todo sucedió tan rápido que ni siquiera tuvo tiempo de vivir el duelo, de aceptar la pérdida que estaba sufriendo. Simplemente, de un día para otro, sus padres ya no estaban.

Sin embargo, cuando los últimos días de Nagi llegaron, Asia tuvo la oportunidad de experimentar lo que tanto necesitaba. El bello gato siamés pasó siete días en sus brazos, entre dos mundos, disfrutando de su tacto protector. Hasta entonces, Nagi era quien siempre había cuidado de ella, llenándola de cariño e infundiéndole fuerza a lo largo de veinte años maravillosos. Ahora, Asia podía devolverle todos aquellos cuidados. Cuando Nagi falleció en mitad de una noche no fue el final para ellos, sino un nuevo comienzo.

Después de la muerte de Nagi, el guía espiritual de Asia continuó visitándola desde el reino invisible. Le contó que había adoptado el cuerpo de un gato para enseñarle lo que era el amor incondicional; pero que, en realidad, siempre había estado sentado sobre su hombro, cuidando de ella. Si bien no pasa un solo día en que Asia no lo eche en falta, le reconforta saber que está a su lado lo llame o no.

—Nagi, ven.

Lección

A veces habrás tenido la certeza de saber algo, pero no entendías por qué o de dónde venía ese conocimiento. Eso es porque se trataba de una enseñanza del reino invisible. Cuando conectamos con un animal y lo convertimos en nuestro compañero de vida, a menudo poseemos un profundo conocimiento sobre él, uno que él mismo nos habrá comunicado de una forma u otra. Al principio puede suponer un gran esfuerzo abrir la mente, reconocer esas señales; pero, una vez nos habituemos a ello, seremos capaces de identificarlas con facilidad. Cuando somos receptivos a esa información nos damos cuenta de que estamos más unidos a los animales de lo que pensábamos. A partir de ese punto, el alma humana y la animal conectan de un modo más sencillo.

Para que esto suceda es de vital importancia que prestemos atención a las pequeñas sincronicidades o señales que el universo pone en nuestro camino cuando necesitamos una respuesta. La mayoría de las veces, estos vestigios los observamos en situaciones cotidianas —por ejemplo, cuando una misma palabra, frase o mensaje se repiten en sitios diferentes—, pero con frecuencia no sabemos qué hacer o como interpretarlos. Si tenemos conciencia de las conexiones espirituales y estamos atentos a estas señales, podremos aprovechar las maravillosas enseñanzas que nos regala el universo. Por suerte, Asia fue capaz de reconocer los mensajes, no solo a la hora de elegir a su compañero espiritual, sino a la de encontrarlo cuando se había perdido. La intuición, la fuerte conexión que habían forjado, ayudó a ambos de diversas formas. Nagi, por ejemplo, disfrutó de una vida larga y saludable, mientras que Asia vio la suya increíblemente enriquecida.

Es importante que recordemos la importancia de confiar en nuestros instintos, en las conexiones que establecemos con otros seres, así como en el universo. Es en esas pequeñas señales donde a veces encontramos las grandes enseñanzas.

Reflexiones

Evoca ese momento en que conociste a un animal por primera vez y sentiste una conexión especial, ese sentimiento de que estabais destinados a estar juntos.

1. ¿Qué sensaciones físicas experimentaste?
2. ¿Hubo algún momento en que tuvieras la certeza de que algo le ocurría a tu mascota, pero no comprendías de dónde venía esa intuición?
3. ¿De qué formas crees que ese vínculo especial enriqueció tu sabiduría y tu instinto?

Ejercicio: establecer una conexión más profunda con tu animal

Uno de los primeros pasos hacia el desarrollo de un vínculo afectivo más intenso con un amigo peludo implica alejarnos del ruido y el ajetreo que nos rodea, conectar con nosotros mismos en primer lugar. El punto de partida más útil para dominar esta práctica es estar «enraizados» o conectados a la madre tierra.

Permíteme ser tu guía en este ejercicio diseñado para ayudarte a conectar con las energías del cosmos y el reino de los cielos. Al fusionarte con estas energías estarás preparando el terreno para una conexión de éxito con tu compañero animal.

El *grounding*, término original del inglés que significa «caminar descalzo sobre la hierba, la tierra o la arena», es un ejercicio esencial previo para establecer cualquier vínculo con un animal. Esta terapia de múltiples beneficios implica entrar en contacto directo con la energía de la tierra a través de los pies, lo que nos ayuda a conectar con otros seres vivos.

Sentirnos en sintonía ayuda a que los animales se abran con naturalidad a nosotros; nos predispone a establecer una relación basada en la armonía y la confianza, con lo que se facilita la asociación con nuestros compañeros.

En este ejercicio introduzco el séptimo chakra del cuerpo humano, ubicado en la parte superior de la cabeza. Puede que sea la primera vez que oyes hablar de los chakras, pero no te preocupes: solo son unos centros energéticos —a veces también denominados «círculos de la vida»— situados en distintas partes del cuerpo. Estos portales sirven para recibir y asimilar la energía vital del universo. Cualquier corriente dentro de nuestro campo energético puede considerarse un chakra, pero aquí solo aludiré a los siete principales según la tradición hindú: el base, el sacro, el del plexo solar, el del corazón, el de la garganta, el del tercer ojo y el de la coronilla o séptimo chakra.

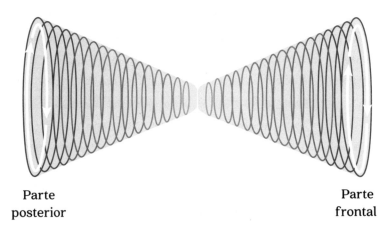

Parte
posterior

Parte
frontal

Partes del chakra

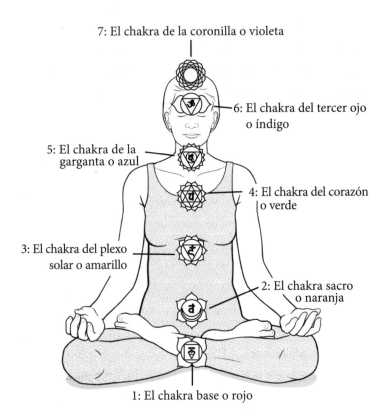

7: El chakra de la coronilla o violeta

6: El chakra del tercer ojo
o índigo

5: El chakra de la
garganta o azul

4: El chakra del corazón
o verde

3: El chakra del plexo
solar o amarillo

2: El chakra sacro
o naranja

1: El chakra base o rojo

Los chakras o vórtices energéticos presentan una forma cónica y un movimiento giratorio con el que cumplen varias funciones. A través de ellos fluye la energía vital, que atraen, expulsan o filtran por nuestro ser. El séptimo chakra, situado en la parte superior de la cabeza, tal y como su nombre indica —el chakra de la coronilla—, nos proporciona un mayor nivel de conciencia y nos permite desarrollar percepciones e ideas que van más allá de lo que el ojo ve. Trabajar este vórtice energético nos ayudará a conectar con los animales, ya que está directamente relacionado con el desarrollo de una actitud abierta y la adquisición de nuevos conceptos. Además, despejará el camino para abrir el resto de chakras que tenemos en nuestro cuerpo.

A continuación te propongo un ejercicio que puedes desarrollar mediante la meditación o la visualización. No obstante, si no te sientes cómodo llevándolo a cabo o te resulta muy difícil, recrea los siguientes pasos mentalmente; así podrás seguir beneficiándote del ejercicio:

1. Busca un lugar cómodo, libre de ruidos y distracciones, donde puedas relajarte.
2. Si tienes los brazos o las piernas cruzados, relájalos. Endereza la espalda y adopta una posición cómoda. No importa si estás sentado o tumbado.
3. Toma un par de bocanadas de aire: inhala por la nariz y exhala por la boca. A medida que respiras, imagina que tomas la energía curativa de la madre tierra; después, exhala todas las preocupaciones y temores que puedas tener.
4. Ahora piensa en una corriente de luz blanca viniendo hacia ti que, poco a poco, se introduce en la parte superior de tu cabeza, donde se encuentra situado el séptimo

chakra. Después imagina que esa energía va descendiendo por tu cuerpo e iluminando cada célula de tu ser.

5. Tómate el tiempo que necesites. Cuando sientas que estás lleno de la energía curativa universal visualízala saliendo de las plantas de los pies y de la base del coxis.

6. Ahora percibe esa energía enraizándose en el suelo, desde donde seguirá expandiéndose hasta conectarte con la madre tierra. Piensa en ello como la conexión entre un roble y el suelo: profunda y fuerte.

7. Nota el contacto de los pies con el suelo, de la espalda con el respaldo de la silla —si es que estás sentado—, lo seguro y calmado que te sientes.

8. Ahora estás enraizado a la energía inferior, aquella de la madre tierra, y conectado a la energía superior, la del cosmos.

9. Disfruta de este momento a través del cuerpo, las emociones y la mente.

10. Si tienes una mascota cerca, fíjate en cómo reacciona ante tu nuevo estado. Es posible que quiera acercarse a ti: los animales son expertos en percibir la energía y disfrutan viéndonos en sintonía. Mentalízate de que con este ejercicio ya has preparado el terreno para forjar una asociación más profunda con tu mascota.

11. Date cuenta de que podrás regresar a este lugar mágico siempre que evoques los sentimientos que tienes ahora.

12. Siente gratitud por disfrutar de este proceso.

13. Centra de nuevo la atención en los pies y efectúa un par de respiraciones antes de volver al presente.

Parte II

Los animales como maestros

4

Ver las cosas
de otra manera

«Si quieres conocer el final, mira el principio».

(PROVERBIO AFRICANO)

En 1993 adopté un cachorro adorable de labrador. Tenía nueve semanas y lo bauticé con el nombre de Jiggs. Desde el primer día que pasamos juntos surgió una gran complicidad entre nosotros; sin embargo, a las pocas semanas, Jiggs empezó a dar señales de mala salud.

Después de una primera visita al veterinario enseguida nos convertimos en «clientes» habituales. De cada consulta salíamos con más medicación y vacunas que de la anterior. Jiggs parecía atraer todo tipo de dolencias: ácaros en las orejas, infecciones oculares, problemas estomacales…

No dudaba de la pericia de nuestra veterinaria, pero los constantes síntomas de las distintas enfermedades que adolecía Jiggs empezaron a hacerme pensar que se trataba de algo para cuya curación habría que ir más allá de la medicina convencional. Las innumerables visitas que hacíamos a la clínica seguían sin dar resultado; el enfoque que allí se daba a la situación de mi mascota era insuficiente. Sentía cierto desasosiego: algo me decía que todas esas enfermedades tenían una causa, que había un significado en lo que estaba sucediendo.

Desde la perspectiva actual, todo parece muy obvio, pero en aquel momento sombrío se habían desatado todas las alarmas en mi cabeza. La vida de ese precioso cachorro estaba en mis manos; tenía que hacer algo para que creciera sano y feliz.

Si algo tenía claro era que la medicina alopática —es decir, la convencional— no daba buen resultado: trataba los síntomas pero no la raíz del problema. Entonces se me ocurrió la idea de acudir a la medicina holística. Yo misma había recurrido en alguna ocasión a esa alternativa y, por otro lado, llevaba ya un tiempo estudiando la medicina energética. ¿Por qué no iba a intentarlo con Jiggs?

Después de indagar un poco encontré a un veterinario holístico y decidí acudir a una visita a pesar de que nos separaba alrededor de una hora y media de viaje. Me escuchó mientras le puse al corriente de todos los tropiezos de salud de Jiggs. A continuación lo examinó con toda minuciosidad, de pies a cabeza. Cuando terminó me miró a los ojos y dijo: «Si no controlamos esto, es muy probable que no pase de los cinco años».

En el camino de vuelta a casa, observaba a Jiggs, que iba sentado en el asiento del copiloto, mirando por la ventanilla. Parecía un animal feliz, incluso sano, pero las palabras del veterinario no dejaban de resonarme en los oídos. ¿Por qué no mejoraba? Era injusto. De pronto tuve el convencimiento de que todo dependía de mí. Yo era la responsable del bienestar de Jiggs y tenía que encontrar el modo de curarlo.

Hacía muy poco tiempo que había tenido la oportunidad de profundizar en el estudio de la técnica de alineación corporal, una técnica de sanación para humanos que estaba dando muy buenos resultados con mis clientes. Cuantas más vueltas le daba, más me autoconvencía de que merecía la pena aplicar ese método en Jiggs. La parte técnica de la idea es que las experiencias emocionales negativas pueden quedar bloqueadas de forma inconsciente en nuestro cuerpo, que impregnan nuestras células hasta integrarse en nuestro sistema biológico. La técnica de alineación del cuerpo, BAT (Body Alignment Technique), tiene como objetivo limpiar estas vías de memoria subconsciente, librarnos de nuestras cargas. Lo consigue mediante la energía vibratoria, con la que accedemos a la causa del origen del desequilibrio y lo liberamos. Los beneficios de este tratamiento no solo son palpables en el plano emocional, mental y espiritual, sino también en el corporal. Tras la experiencia nos sentiremos conectados a la madre tierra y con un cuerpo equilibrado, que es la base de la buena salud.

«Si el estrés o una experiencia emocional negativa pueden provocar desequilibrios en los humanos, ¿por qué no en los animales?», me pregunté. De una u otra forma tenemos una exposición constante al estrés. Esta realidad puede afectarnos al cuerpo, la mente y el espíritu. Por suerte, la técnica de alineación corporal, junto con alguna otra medida, fructificó con rapidez y Jiggs recuperó la salud. Las dolencias desaparecieron y pronto se convirtió en el perro feliz, sano y vital de pelo brillante que siempre había imaginado.

Fui testigo del cambio asombroso que mi amigo había experimentado, tras lo cual no pude dejar de pensar que se había cruzado en mi vida por alguna razón. Llegó para enseñarme que debía ser siempre fiel a mi intuición, a seguir el camino que me señalaba el corazón, tal y como había hecho hasta conseguir que mi cachorro creciera sano. Fue una auténtica revelación que removió los cimientos de mi vida. Me parecía imposible no haberme dado cuenta mucho antes. Hasta entonces había mantenido separada la esfera profesional de la espiritual, pero ahora ambas se fusionaban con naturalidad. Mientras luchaba por la salud de Jiggs, estaba dando los primeros pasos hacia una nueva línea de trabajo: el uso en los animales del poder curativo de la energía. Ya conocía el poder de los campos energéticos en las personas; ahora solo tenía que adaptarlo para aplicarlo a los animales. Nunca habría contemplado la idea sin la ayuda de Jiggs.

Cuando puse en marcha el proyecto nuevo me sorprendió no solo por la satisfacción tan inmensa que me aportaba trabajar con animales, sino también el empuje que supuso desde el punto de vista empresarial. Jiggs despertó en mí la magia que creía perdida y me cambió por completo la vida. Tenía una nueva pasión. Cuanto más me entregaba a ella, con más fuerza me empujaba Jiggs a continuar por ese camino. Así, el animal parecía languidecer durante el tiempo que yo dedicaba a trabajar en el sector inmobiliario, y, al contrario, la energía positiva le corría a raudales por el cuerpo cuando ahondaba en el mundo de la comunicación o la sanación animal. A medida que yo descubría la misión de mi vida, más plena y relajada se volvía la suya.

A medida que Jiggs se convertía en un saludable ejemplar de cachorro de labrador, yo iba progresando en el afán inquebrantable de llegar a ser una intuitiva animal y sanadora energética. Poco a poco, fui adquiriendo conocimientos y desarrollando habilidades. Me interesaba por cursos, conferencias o cualquier otro tipo de divulgación de conocimientos que hubiese en ese ámbito y practicaba siempre que podía, sobre todo con Jiggs. La satisfacción que esta nueva vertiente profesional me proporcionaba era infinita comparada con mi dedicación anterior. Empecé a sentar las bases de mi propio negocio. Lo primero que hice fue ponerme en contacto con una discípula de Penelope Smith, madre de la comunicación animal —o «comunicación telepática entre especies», como ella prefiere llamarlo—. Viajé hasta Stratford, Ontario, para pasar con ella un fin de semana y aprender todo lo que fuese posible. No sabía muy bien qué esperar cuando, como parte de mi entrenamiento, me encontré frente a un poni haciéndole una serie de preguntas facilitadas por mi maestra.

Para mi sorpresa, aquello terminó en una auténtica conversación: yo preguntaba y él me respondía usando la telepatía. Fue una experiencia increíble que no olvidaré. Para ese mismo fin de semana se había programado en el granero una reunión conjunta con un grupo de discípulos. El objetivo era intentar establecer una «comunicación a distancia». Para ello, hubo un intercambio de fotografías de nuestros amigos animales. Entonces me di cuenta de que no llevaba encima ninguna foto de Jiggs —estoy hablando de una época anterior a los teléfonos móviles tal y como los conocemos—. ¡No podía creerlo! Había olvidado llevarme la foto de quien era el centro de mi universo.

Hubo suerte: la instructora estaba preparada para algo así. Tenía una buena colección de fotos de animales dispuestos a ayudar a los principiantes a aprender a comunicarse con ellos. Revisé las imágenes. Cuando ya quedaban pocas llamó mi atención la fotografía de un semental andaluz de color gris, un hermoso ejemplar de raza pura de la península ibérica. «Ese es Lucero —dijo la maestra—. Es muy especial».

Y lo era. De un modo que nadie podía imaginar. La historia completa de Lucero la contaré más adelante, en el capítulo siete; por ahora os diré que elegir su foto y comunicarme después con él cambió mi vida para siempre. Las puertas del mundo de la magia se habían abierto de par en par ante mí.

Lucero me resultaba familiar, como un amigo o un pariente al que hace tiempo que no ves. Lo primero que me dijo fue que conocía a Jiggs. Imagínate mi sorpresa. Para nosotros es muy difícil comprender que un ser pueda conocer a otro sin haberse visto nunca o sin haber tenido algún tipo de contacto físico. Pero en el reino de los espíritus todos los seres tienen consciencia de la existencia de los demás. Este descubrimiento me hizo sentir casi al instante un vínculo especial con Lucero. Percibía toda la sabiduría ancestral que acumulaba en su espíritu. Lucero, al igual que Jiggs, acabó siendo la piedra angular en el camino de mi aprendizaje de la comunicación entre humanos y animales, en la trayectoria profesional que había iniciado y en el proceso de profunda iluminación y amistad que estaba dando los primeros pasos.

A medida que ampliaba conocimientos, crecía dentro de mí un sentimiento de plenitud, de despertar espiritual, como si por fin estuviera en el camino adecuado, el que me correspondía en la vida. El corazón me decía que hablar con los animales era lo que debía hacer. Era mi destino. Al mismo tiempo fui perdiendo el interés por lo que hasta entonces había sido el modo de ganarme la vida —el negocio inmobiliario—, y eso a pesar de que me iba mejor que nunca. Pero lo que ahora añoraba, lo que de verdad quería, era un lugar más cálido donde vivir, un hogar espiritual. No puedo explicar por qué elegí Sedona, Arizona, para hacer un viaje y recuperar las fuerzas. Algo superior me atraía hacia allí, además de las ansias de Jiggs. Soportó bien el viaje. Mientras surcábamos la carretera dormía en el asiento trasero del coche; después, en la habitación del hotel, esperaba paciente a que yo regresara cuando salía a cenar.

El lugar nos gustó tanto a los dos que repetimos ese mismo viaje en varias ocasiones prolongando cada vez más el tiempo de estancia. Por fin, pocos años después de la primera visita, nos mudamos allí. Si recopilara todas las conversaciones que mantuve con Jiggs durante esos y otros muchos viajes, podría escribir un libro voluminoso. Pero lo mejor de aquellas escapadas eran los paseos juntos. Todavía recuerdo cómo Jiggs descubrió que en los rojizos caminos pedregosos de Sedona no crecía hierba en la que poder hacer sus necesidades: intentó levantar la pata sobre un cactus, pero enseguida se dio cuenta de que eso no había sido una buena idea. A partir de entonces, cada vez que se cruzaba con alguno, lo miraba de mala gana antes de buscar un lugar más adecuado.

Jiggs continuaba desarrollándose sano. Definitivamente habían quedado atrás todos los problemas de salud. Su carácter también maduraba y daba señales de ser un perro alfa, un tanto dominante. No obstante, a pesar de que era un animal fuerte y grande, nunca iniciaba una pelea. Lo habitual era que los demás percibieran lo poco afortunado que sería provocar a Jiggs. En las escasas ocasiones en las que algún otro perro cometía ese error, el incidente era breve: Jiggs se erguía aumentando en altura y su contrincante se alejaba mientras asimilaba la equivocación.

No es que Jiggs haya sido siempre un «ángel». Cuando era un cachorro le encantaba acurrucarse alrededor de la losa helada de un inodoro de porcelana. Pronto fue demasiado grande para caber con comodidad, así que culpaba al váter y le ladraba sin cesar para demostrarle quién mandaba. Era un labrador de raza, perteneciente a un linaje que incluía una larga serie de premios y reconocimientos. En consecuencia, junto con el resto de la camada, había sido adiestrado casi desde el nacimiento en la natación, entre otras habilidades. Cada vez que tenía oportunidad corría de esa manera característica en que lo hace un perro feliz hasta alcanzar el agua.

En los alrededores de Sedona hay muchos sitios en los que se puede disfrutar de un buen baño. Jiggs tenía sus preferencias: le encantaba ir a Red Rock Crossing, Seven Sacred Pools y West Fork. A pesar de que no era amigo del calor intenso —el día que llegamos a Arizona, la temperatura era superior a cuarenta grados—, Jiggs se adaptó muy bien. Las horas más sofocantes las pasaba tumbado sobre las frías baldosas del suelo o metido en el agua, donde se daba un refrescante baño si estaba en el lugar adecuado. Irradiaba alegría y siempre encontraba la manera de acomodarse a las circunstancias del momento, fueran las que fuesen, lo que yo interpretaba como una aprobación del rumbo que iba tomando mi vida.

Los inviernos en Toronto son fríos, aburridos, lluviosos y con mucha nieve. En cambio, en Sedona suelen ser soleados y secos, con temperaturas mucho más agradables, que pueden variar entre los diez y los quince grados. El clima fue una de las razones por las que nos trasladamos a vivir allí, pero no la única.

Sedona es una población situada al norte de Arizona; también se la conoce como Red Rock Country (el País de las Rocas Rojas) porque está rodeada de formaciones de roca roja, como las famosas Catedral Rock, Coffeepot Rock y Thunder Mountain. Tiene una población de 10.602 habitantes —me gusta pensar que los dos últimos somos Jiggs y yo—. Sedona es el epicentro espiritual de un lugar mágico lleno de energía. En las últimas décadas ha atraído a muchos visitantes que quieren experimentar el poder de los vórtices de Sedona. Así se conocen determinados «puntos de poder», lugares de energía espiritual que facilitan la curación, la mediación y la transformación. En definitiva, el lugar perfecto para mí y el trabajo que quería hacer.

En una ocasión coincidimos con un hombre que también paseaba con un labrador por los caminos de Sedona. Me preguntó por la edad de mi compañero. Entonces, Jiggs tenía diez años, aunque parecía mucho más joven, pues estaba en plena forma física, fuerte y rebosante de energía. Cuando se enteró de la edad de Jiggs no pudo dejar de mirar a un animal y otro, comparándolos y tratando de averiguar por qué siendo mucho mayor, Jiggs tenía un aspecto más saludable que el suyo, que solo tenía seis años.

Todos los días, sin excepción, dábamos una larga caminata por las hermosas rutas de piedra rojiza. Durante uno de esos paseos me percaté de que Jiggs no estaba a mi lado como era su costumbre. Volví la vista atrás y allí estaba, con la vista clavada en el cielo, iluminado por la luz del sol. Entonces lo supe, incluso antes de oír el gañido, que el halcón de cola roja sobrevolaba sobre nosotros, igual que lo había hecho cuando cabalgaba con Jasmine años atrás. Había vuelto a bendecirnos, a elogiar el rumbo que había dado a mi vida, a reafirmar el camino por el que mi pasión me estaba empujando y que me había llevado hasta Sedona.

La artritis acompañó a Jiggs durante sus últimos años de vida en la tierra. Hice algunas indagaciones y opté por llevarlo con frecuencia hasta la orilla del gran océano Pacífico en la Columbia Británica (Canadá). Allí se zambullía con entusiasmo y nadaba en el agua fría y salada. Después volvía a casa trotando sin dolor ni cojera, jovial, demostrando los increíbles beneficios de la hidroterapia. ¡Qué espíritu!

El retrete se le había quedado pequeño; hacía tiempo que prefería tumbarse sobre las frías losetas del suelo, al lado del frigorífico. No solo era un rincón fresco, sino que además se aseguraba de que nunca abriera la puerta de la nevera sin que él se diera cuenta.

En un momento de reflexión pensé sobre cómo había transcurrido la vida de mi amigo, en los comienzos difíciles, en los problemas de salud que sufrió cuando solo era un cachorro. Vi con claridad, como cuando se enciende una luz en la oscuridad, que todo obedecía a una razón trascendental. Jiggs me había necesitado, sí, pero lo que de verdad importaba, el motivo último, era que con todo aquello había guiado mi camino para convertirme en la persona que ahora soy.

Sin sus dolencias y mi deseo de remediarlas, puede que nunca me hubiera adentrado en el campo de la comunicación y la curación animal. Con humildad reconocí que, quizá, la carga con la que Jiggs llegó a mi vida tuvo como fin último enseñarme, transmitirme conocimientos y sabiduría para que, a su vez, yo pudiera compartirlos con otros. Tanto Lucero como Jiggs siguen estando a mi lado, y a través de mí llegan a las personas que instruyo. Así es como siguen orientando otras vidas estos dos magníficos guías: el espíritu de un sabio semental andaluz y el amor de un fiel labrador.

Jiggs vivió feliz de modo corpóreo catorce años y medio. En un animal como él, el final nunca es definitivo. La conexión entre almas gemelas no desaparece nunca porque es eterna. Su espíritu continúa conmigo, aunque ahora desprendido del cuerpo que ocupó en la tierra. En el año 2007, pocos días después de haber cruzado, Jiggs se puso en contacto conmigo a través de un sueño. Quería decirme cómo podía ayudar al perro de una clienta que había dejado de comer.

Al día siguiente llamé a la dueña y le transmití lo que mi compañero me había contado la noche anterior. En ese momento, el perro se encontraba con su marido, que había salido a hacer unos recados al banco.

Me llamó más tarde, muy emocionada. Me dijo que, mientras estaban en el banco, un cajero había ofrecido al perro una galleta. Su marido pensaba que iba a rechazarla, pero entonces vio cómo se interesaba por la golosina. Comió una galleta, luego otra, después otra más.

¿Qué había hecho Jiggs para que ese perro comiera? Durante el tiempo que pasamos juntos en sueños tuve la misma sensación que me acompañó en todos los años que disfruté de su cuerpo a mi lado: había estado al tanto de mi trabajo, de todos los casos que trataba, y era obvio que lo seguía estando.

«Puedo ayudar a este perro —me dijo—. Me encanta comer y lo haré a través de él». Estaba contento de poder ayudarnos a todos: al perro, a mis clientes y también a mí, que llevaba tiempo trabajando para encontrar una solución.

Últimamente, cuando pienso en Jiggs, me viene a la mente un proverbio africano: «Si quieres conocer el final, mira el principio». Él estuvo conmigo en el principio, y estará conmigo hasta el final.

Lección

Aunque lo establecido en nuestro día a día no sea entender a los animales como maestros, es evidente que lo son. Pueden enseñarnos cualquier cosa, desde principios básicos —como ralentizar el ritmo de vida para poder disfrutar de ella— hasta otros de mayor dificultad, por ejemplo, a seguir lo que nos dicta la intuición y confiar en nosotros mismos. Los animales pueden aportarnos mucha sabiduría siempre que estemos dispuestos a aprender, si bien para lograrlo es necesario que reconozcamos el papel que desempeñan con respecto al propósito de nuestra existencia. Si lo pasamos por alto, es muy probable que perdamos las valiosas lecciones de vida que quieren darnos y con ello la satisfacción que esos conocimientos —además de la convivencia con los animales— nos proporciona.

Gracias a todo lo experimentado con Jiggs descubrí la verdadera vocación y sentido de mi vida. Así pude cumplir con la misión que tenía reservada aquí, en la tierra. Desconozco cómo habría transcurrido mi vida si no hubiese escuchado los mensajes de Jiggs, qué derroteros habría tomado si hubiese actuado ignorando las indicaciones que me daba. Lo que sí conozco es la inmensa alegría y el pleno sentido que ha adquirido mi paso por el mundo al haberlo hecho. Cuando se revelaron los dones curativos que guardaba en mi interior, encontré un mundo completamente nuevo que he tenido el privilegio de compartir con muchos otros.

He experimentado una gran transformación. Os aseguro que a veces es necesario abrazar lo desconocido, abrirse a los cambios. Y si ese nuevo camino, si esa nueva perspectiva, nos la muestra un compañero animal, no debemos ignorarla.

Reflexiones

Busca un momento de tu vida en que hayas actuado movido por la intuición, por una voz interior que te empujara y que te llevara por el camino más adecuado.

1. ¿Has confiado alguna vez en tu instinto con respecto a lo que es mejor para tu mascota?
2. ¿Te ha empujado alguna vez un animal a seguir tu intuición o tu instinto?
3. ¿Cómo sucedió y qué aprendiste?

Ejercicio: sintonizar

Los animales son nuestros maestros. El modo más natural y efectivo para que nos lleguen sus enseñanzas es estar en sintonía con ellos. El primer paso en ese proceso es aquietar la mente, eliminar el parloteo mental, acallar el ruido interior. Dominar esta habilidad es imprescindible. Estoy segura de que más veces de las que desearías has oído en tu interior una voz molesta hablándote y rompiendo tu paz mental.

Escuchamos ese discurso amargo que nos dice todo lo que nunca podremos hacer. Ese constante recordatorio de posibles fallos y futuras catástrofes tan negativo es lo que a menudo denominamos «crítica interna» o «mente de mono». Todos, o al menos la mayoría de nosotros, nos hemos sentido así. Puede que para otros esa voz sea un zumbido tan fuerte que nos arrastra e impide que alcancemos el estado de concentración y meditación necesarios para poder disfrutar los tesoros que guarda una mente calmada.

Todo ese ruido caótico que tan a menudo escuchamos en nuestro interior es una forma de autosabotaje. Sea cual fuere la forma que adopta, debemos aquietar esas aguas turbias para enfocar todos los sentidos en conseguir estar en comunión con los animales, en establecer la comunicación. Ellos nos envían mensajes sin cesar, pero no somos capaces de captarlos porque estamos demasiado «ocupados» para recibirlos o, más bien, nuestras mentes están tan saturadas que no pueden percibirlos.

Poner en práctica estos consejos será más fácil para aquellos de vosotros que estéis familiarizados con algún tipo de técnica de relajación: meditación, musicoterapia, yoga o simplemente dar paseos en plena naturaleza —sin música, por supuesto—. También es útil hacer un esfuerzo para pasar el mayor tiempo posible en un entorno tranquilo; eso nos dará idea del alboroto al que estamos sometidos de modo habitual.

¿Tienes encendida la radio o la televisión casi de forma constante? ¿Trabajas en un entorno ruidoso? Si escuchas música, procura elegir la que calme tu alma y te ayude a entrar en un estado de relajación. Hay una gran variedad de música apropiada para elegir; mis favoritas son Deva Premal y Jaya Lakshmi.

Es muy probable que los animales con los que has coincidido, incluso aquellos que ahora están al otro lado, hayan intentado decirte cosas importantes, pero el mensaje se ha perdido porque no había suficiente tranquilidad en tu interior para recibirlo. ¡Se emocionarán cuando tengas la mente preparada y serena para acoger sus enseñanzas!

Cuando dominamos el silencio interior, como me gusta llamarlo, podemos «escuchar» y no solo oír a todos los seres vivos. A algunos les parecerá una exageración, pero créeme: ¡es cierto!

El siguiente ejercicio podemos llevarlo a cabo mediante la visualización o la meditación. Aunque no te sientas preparado para conseguirlo de ninguna de estas maneras, no dejes de intentarlo. Finge si es preciso porque aun así percibirás algún beneficio.

1. Busca un lugar tranquilo, lejos de ruidos y distracciones, donde puedas relajarte sin que nadie te moleste.

2. Empieza por adoptar una postura adecuada. Descruza los brazos y las piernas, endereza la espalda y ponte cómodo, ya sea tumbado o sentado.

3. Realiza dos respiraciones profundas y purificadoras: inhala por la nariz y exhala por la boca. Mientras tomas aire piensa que estás absorbiendo la energía curativa de la luz blanca universal y que, cuando exhalas, expulsas todas las preocupaciones, temores o dudas que puedas tener.

4. Conéctate a la tierra siguiendo los mismos pasos que en el ejercicio del capítulo tres.

5. Cuando ya estés concentrado, pide al universo y a tu yo superior —la mayor manifestación espiritual de ti mismo— que te libere de cualquier pensamiento o charla mental que pueda bloquear la habilidad de comunicarte con los animales. ¡Este paso tiene mucha fuerza! A continuación expongo algunos ejemplos de cómo puedes verbalizar esas órdenes. Debes utilizar palabras que te lleguen hasta lo más profundo: «Estoy tranquilizando la mente para poder escuchar las misivas que los animales quieren compartir conmigo. Que así sea. Silencio, silencio, silencio. ¡Ahora quiero concentrarme, enfocarme en lo que deseo, liberar cualquier otro pensamiento y acallar la verborrea mental!

6. Observa cómo te sientes ahora física, emocional y mentalmente.

7. Ten la convicción de que con este ejercicio allanas el terreno para conseguir la sintonía con tu amigo animal.

8. Siente la certeza de que puedes volver a este mismo punto tantas veces como desees con solo imaginar lo que ahora estás sintiendo.
9. Da las gracias por este pequeño progreso.
10. Toma conciencia del suelo bajo los pies, haz un par de respiraciones con atención plena y vuelve al momento presente.

Repite a menudo este ejercicio, sea cual sea el método que hayas elegido; más adelante, podrás utilizar y experimentar con otras técnicas.

5

Algunas nociones sobre la vida y el liderazgo

«Enseñar es dejar un vestigio de uno mismo
en el crecimiento de otro.
Podríamos afirmar que los estudiantes son un arcón
donde guardar los tesoros más preciados».

(EUGENE P. BERTIN)

«Perdí a un amigo muy querido durante el solsticio de invierno de 2013 —escribió Lenore—. Su nombre era Oscar, un hermoso burrito anciano. A pesar de que ya no está entre nosotros, continúo recordando todo lo que me enseñó».

Oscar y Lenore se conocieron un día de verano de 2010. Igual que para muchos de nosotros, Lenore no se hacía una idea del papel tan importante que el viejo burrito desempeñaría en su vida. Había ido de visita a una protectora de burros en el sur del estado de Arizona. En cuanto se vieron, Lenore y Oscar conectaron al instante. Supo que tenía que adoptarlo.

Unos años después, Lenore por fin pudo cumplir su sueño de mudarse al campo para poder llevarse consigo a Oscar y también a Henry, un burrito ciego que había acogido con el fin de que se hiciesen compañía. Al principio tuvo dudas: cabía la posibilidad de que Oscar y Henry no se llevasen bien. No obstante, sus temores no tardaron en disiparse: el mayor enseguida se convirtió en el maestro de Henry, al que cuidó en todo momento.

La granja que eligió Lenore era idílica, el lugar perfecto para ella y sus chicos: contaba con una casa acogedora, varias hectáreas de pasto y un granero bien cuidado. Cada mañana, Lenore daba las gracias a Dios por poder disfrutar del aire fresco, la hierba húmeda y los agradables rebuznos de sus dos amigos peludos, que esperaban ansiosos a que les trajera el desayuno. Vivía en un santuario.

Durante las primeras semanas, Lenore no sabía cómo reaccionaría Oscar a la presencia de Henry. A pesar de los años que había dedicado al cuidado de los burros, Lenore desconocía cómo pensaban o sentían, y las preguntas se agolpaban: ¿se daría Oscar cuenta de la ceguera de Henry? ¿Le gustaría tener un compañero? ¿Lo ignoraría?

Aunque la mayoría de los equinos soportan la pérdida de visión, necesitan un entorno seguro y un manejo especial; algo con lo que Lenore ya estaba familiarizada y tenía previsto cuando rescató a Henry. Fue una grata sorpresa comprobar que, cuando solo habían pasado un par de días juntos, Oscar cuidaba de él con toda naturalidad, como si lo hubiese hecho toda la vida.

Los primeros días, Oscar seguía a Lenore de cerca, observando con atención cómo guiaba a su compañero a través de una zona embarrada hasta el pasto. Lenore no tardó en darse cuenta de que Oscar parecía saber de manera instintiva cuándo Henry podía necesitar un empujoncito o una ayuda extra para salir del granero o entrar en él. Al tercer día, Oscar tomó las riendas. Como un cariñoso hermano mayor, el viejo burro guio a Henry a través del barro hasta dejarlo sobre la hierba fresca. A Lenore le saltaba el corazón de alegría al verlos así: Oscar guiando y Henry siguiéndole confiado como si hubiesen estado juntos desde hacía años.

Igual que ocurre con los caballos, el proceso de adaptación a la ceguera en los burros depende más de la personalidad del animal que de la minusvalía en sí. Lenore había comprobado que Henry tenía una personalidad asombrosa, muy paciente y calmada; un comportamiento que era capaz de contagiar a Oscar, que era bastante más temperamental. Desde que Henry había llegado a su vida, el viejo burro se había vuelto más apacible. El alma de Lenore se elevaba cuando los veía pasear juntos por la granja. Había encontrado a sus ángeles de la guarda.

Nunca se había sentido tan en paz. Mudarse a la granja había sido todo un acierto. Ver cómo florecía la relación entre los dos burros era una delicia. Lenore entrenaba a Oscar con frecuencia, y, cada vez que practicaban ejercicios sobre el pasto, Henry los seguía moviendo la cabeza de un lado a otro para no perder la pista de dónde estaban.

Una vez acabado el ejercicio, cuando Lenore soltaba a Oscar, lo primero que hacía era trotar hasta Henry para intercambiar un saludo afectuoso. Primero, el burro anciano se colocaba al lado de Henry, que, en respuesta, frotaba el cuello contra el suyo.

A lo largo del invierno, la unión entre Lenore y los dos animales se estrechó cada vez más. Hasta que la primavera prendió los campos y el sol por fin apareció después de una semana de lluvia torrencial. Era un día espléndido y Lenore estaba ansiosa por sacar a sus chicos del establo. Sirvió el desayuno, abrió las puertas y vio cómo trotaban felices hasta el campo.

De pronto, Oscar resbaló sobre el barro y se derrumbó sobre un costado. Con el corazón acelerado, Lenore corrió al lado del animal y se dejó caer de rodillas sobre el lodo. A juzgar por la respiración pesada de Oscar, Lenore sabía que no era capaz de levantarse. Henry se acercó, consciente de que algo iba mal.

Reprimiendo las lágrimas, Lenore acariciaba el cuello del animal mientras este la contemplaba. «Le dije que no se rindiera —recordaba—. No podía irse todavía: no estaba preparada. Puede que Oscar sintiera mi determinación, porque hizo acopio de todas sus fuerzas para quedarse a mi lado. Nos llevó tiempo, pero con ayuda y fuerza de voluntad logró levantarse». El alivio que sintió Lenore fue inmediato, pero, a medida que el animal caminaba por el prado, se dio cuenta de que algo había cambiado: Oscar estaba apático, indispuesto.

Algo murió en el burro anciano aquel día. De hecho, el animal quedó tan débil que a Lenore no le sorprendió que se cayera de nuevo a la semana siguiente, la mañana del veintiuno de diciembre de 2013. «Por supuesto, esa vez también corrí a su lado. Sin embargo, supe que no se levantaría. Ni siquiera le pedí que lo intentase —recordaba—. Sabía que no podría hacerlo. Estaba tan tranquilo, tan sosegado. En vez de ayudarlo a ponerse de pie me senté a su lado. Le pedí que guardara la calma, le prometí que estaría a su lado hasta el final y le aseguré que el veterinario estaba en camino para poner fin a su dolor». El viejo burro merecía descansar.

Igual que la vez anterior, Henry estaba cerca de nosotros. Se movía con nerviosismo, consciente de que algo iba mal aunque no podía verlo. Lenore lo llevó de vuelta al establo para poder quedarse a solas con Oscar. «Mientras esperábamos —me dijo— le di pequeños trozos de manzana y de pera. Oscar siempre había sido cariñoso, de modo que inclinó la cabeza y me besó la cara. La angustia me oprimía el pecho y casi no podía respirar, pero me contuve lo mejor que supe. No quería que durante sus últimos minutos sintiera mi dolor. Me aseguré de que estuviera tranquilo y en paz.

Tras la muerte de Oscar, la tristeza asaltó a Lenore. Cuando se sentía peor se sorprendía a sí misma repitiendo la canción *Everything's Gonna Be Alright* o recordaba una matrícula de coche que llamó su atención el día que trajo a Oscar a la granja: «Todo irá bien», decía. Parecían mensajes enviados desde el reino invisible. «Siempre he sido un poco escéptica —me confesó durante una de nuestras charlas—, pero el sentimiento tan desgarrador que tuve los días que siguieron a la muerte de Oscar me hizo estar más receptiva. Interpreté esos mensajes como una señal y encontré consuelo en ellos».

El día de Navidad, cuatro días después de la muerte de Oscar, se produjo un fallo eléctrico que duró varias horas. «Tomé asiento en medio de tanto silencio, a la luz tenue de las velas y alguna lámpara de aceite que tenía en casa. Decidí relajarme y ponerme cómoda. Entonces pensé en Oscar, en Henry y en todo lo que había ocurrido. Transcurrieron unos minutos en los que estuve inmersa en una profunda meditación y sanación. Tenía el presentimiento de que algo —o alguien— me estaba guiando. "Recobra la paz y cúrate", me decía la voz. Estaba convencida de que era de mi querido amigo Oscar».

Cuanto más reflexionaba sobre la vida y la muerte del animal, más se daba cuenta de lo mucho que había influido en su vida. La tranquilidad y la amabilidad que derrochaba mientras conducía a Henry eran actitudes positivas que ella estaba incorporando a su rutina; igual sucedía con el goce de los pequeños detalles: desde disfrutar de un buen desayuno hasta galopar por la pradera por el puro placer de hacerlo.

«Cuando guiaba a Henry por el barro hacia el área frondosa, Oscar siempre hacía exhibición de esas habilidades de liderazgo que yo tanto necesitaba. Mi amigo peludo también me enseñó a pedir ayuda; algo que siempre me ha resultado difícil de hacer. Sé que mi querido ángel todavía vela por nosotros: su presencia en la granja sigue siendo fuerte. Nos bendice de amor cada día».

Lenore sabe que Oscar ya no siente dolor y que galopa libre junto a otros burros en el cielo azul. Las enseñanzas que dejó a Lenore y a Henry son un gran legado. Un regalo eterno y perenne. Gracias a Oscar, Henry aprendió a tener fe y ganó confianza en sí mismo: cada vez que Lenore sacaba a los dos animales del establo, Henry seguía el tintineo de la campanita que colgaba del cuello de su compañero. Desde la partida de Oscar no hubo un solo día en que Lenore no hablase a Henry sobre él. Resultaba natural y los confortaba a ambos.

Si bien Lenore sabía que Oscar era irremplazable, también sabía que Henry necesitaba un compañero. Al cabo de unas duras semanas de duelo llegó a la granja Cash, un precioso burro de color pardo con una personalidad cálida y apacible.

Cash enseguida retomó la labor de Oscar de cuidar de Henry, una nueva sorpresa para Lenore. Los burros suelen ser animales territoriales y tardan en aclimatarse a los cambios, igual que a los nuevos compañeros. Sin embargo, una vez más, Lenore se sintió aliviada por el desarrollo de los acontecimientos. Era como si el espíritu de Oscar nunca los hubiese abandonado: seguía allí liderando, enseñando, ayudando a Cash a cuidar del pequeño burro. Henry también se adaptó con rapidez a la llegada de su nuevo compañero, al que quiso mucho. Aun así, cada día disfrutaba de ese momento especial con Lenore en que conversaban sobre Oscar.

Al viejo burrito lo enterraron con un ajuar funerario: sus frutas favoritas, una manzana y una pera, tras las cuales siempre regalaba un beso a Lenore; varias zanahorias, que también adoraba, y una amatista, símbolo de protección y conector espiritual. Poco después, Lenore fue testigo de un acontecimiento que la dejó atónita. Mientras guiaba a Henry hasta el prado reparó en que algunos caballos y mulas que vivían cerca de la granja estaban parados frente a la tumba de Oscar. Parecían presentarle sus respetos. Sorprendida, Lenore los observó durante un largo rato, en especial a un burro muy similar a Oscar, con el que este había trabado amistad a través de la valla, que seguía junto al montículo de tierra, en una especie de vigilia silenciosa, cuando el resto de animales ya se habían alejado. La hermosa y sentida ceremonia recompensó a Lenore con un sentimiento de paz y bienestar. Sabía que los animales podían ver el espíritu de Oscar, que de vez en cuando bajaba desde el reino invisible a visitarlos. Estaba segura de que, igual que sucede con todos los amigos peludos que se han ido, podían seguir comunicándose con el viejo burro de alguna manera.

A pesar de ser consciente de que, de algún modo, Oscar está con ella, Lenore echa de menos escuchar los dulces rebuznos que le dedicaba cuando entraba al establo, la silueta de su viejo amigo junto al granero, el modo paciente en que la acompañaba por el patio e incluso la mirada enfadada que le dirigía cuando tardaba en llevarle el desayuno.

Las raíces del nudo que nos une a los burros o cualquier otro animal de compañía pueden ser muy fuertes, incluso si ese amigo especial ya no está con nosotros. Cuando Lenore describía cómo Oscar había seguido guiándola durante los años siguientes a su muerte, sentí que reflejaba en gran medida mi experiencia con Lucero *(véase el capítulo siete)*, una de las relaciones con animales más poderosas que he experimentado.

«Creo que la asociación que entablé con Oscar, Henry y Cash fue (y sigue siendo) muy real, muy íntima, además de importante, porque me insuflaron la confianza que necesitaba, la capacidad de liderazgo. Aquello que aprendemos de los animales es mucho más poderoso de lo que pensamos y podemos aplicarlo a nuestra vida diaria», decía Lenore.

Todos hemos ocupado una posición de liderazgo en algún momento. Un líder puede ser alguien a quien obedecer —hay quienes disfrutan desempeñando este papel—, pero los auténticos líderes son personas dispuestas a crear vínculos con los demás y desarrollar su empatía. A veces, lo único que hace falta es un gesto tranquilizador o un pequeño empujón, tal y como hacía Oscar con Henry. Es importante recordar estos principios tanto si tratamos con seres humanos como con los animales. Lenore aprendió que, en cualquier relación —incluso consigo misma—, cualidades como la paciencia, la amabilidad y la atención son clave para cumplir objetivos. No importa si se trata de entrenar un animal o de liderar a un grupo de personas; la enseñanza que recibimos de nuestros amigos peludos es de un valor inestimable.

Pasar tiempo con los animales nos facilita el contacto con el universo, nos vuelve más conscientes de la interconexión existente entre todos los seres. Esto nos ayuda a desarrollar nuestros dones innatos; por ejemplo, nos permite ejercer liderazgo, mejorar nuestras habilidades comunicativas y la confianza en nosotros mismos; desarrollar el respeto, la comprensión, etcétera.

Lección

No es fácil saber cuándo un animal intenta enseñarnos algo, y menos aún si se trata de liderazgo. Por ello es interesante mirar atrás, reflexionar en retrospectiva sobre lo que hemos aprendido. Las enseñanzas que nos inculcan nuestros amigos peludos son a menudo sutiles, nos llevan por un camino determinado o son un recordatorio de que debemos estar abiertos a nuevas oportunidades. No importa lo complejos que puedan parecer estos mensajes que nos brindan si somos receptivos. Lograremos ser buenos líderes, conseguiremos una mayor satisfacción para nosotros y para quienes nos rodean, y lograremos acercarnos al ideal de persona que estamos destinados a ser.

Observar el modo en que Oscar cuidaba de Henry y lo guiaba formó parte del proceso de aprendizaje de Lenore, que después pudo aplicar esta sabiduría a su propia vida. Su predisposición a comunicarse con Oscar y a aprender de él le permitió nutrirse, crecer como persona hasta convertirse en la líder de otros compañeros animales que conocería más tarde. Una actitud abierta nos predispone para adquirir conocimientos que más adelante podremos transmitir a otros. De ese modo cumplimos nuestro propósito en la tierra, además de ayudar a los animales a cumplir el suyo.

Reflexiones

Evoca una relación que hayas tenido con un animal, la cual te ayudase a evolucionar y desarrollarte como persona, además de cambiar tu modo de pensar y mejorar ciertos hábitos.

1. ¿Alguna vez has aprendido una lección de vida gracias a un compañero peludo?
2. ¿De qué se trataba? ¿Qué sentiste?
3. ¿Qué cambios has notado en ti tras ese aprendizaje?

Ejercicio: conocer a tu guía espiritual

Como habrás observado, Lenore se comunicaba con los burros de formas diferentes. No obstante, un paso previo y necesario para la comunicación con los animales es aprender a trabajar con nuestros guías y ayudantes.

Cada uno de nosotros tenemos asignado un grupo de guías o ayudantes. La mayoría de ellos no son cuerpos físicos, sino espirituales, tales como nuestros propios ancestros; seres queridos que han fallecido —humanos u animales—; ángeles, arcángeles u otros seres, algunos de ellos personajes bastante conocidos. Por ejemplo, Edgar Cayce, un destacado clarividente estadounidense que vivió entre finales del siglo XIX y principios del XX, o san Francisco de Asís, considerado el santo patrón de los animales, pues profesaba un profundo amor a todas las criaturas de Dios. En definitiva, cualquier ser benévolo puede hacer de guía.

Los guías, nuestro equipo de apoyo personal, residen en el reino espiritual y su objetivo es ayudarnos a alcanzar nuestras metas. Están aquí para protegernos, apoyarnos en las distintas facetas de nuestra vida. Algunos aguardan al momento oportuno para venir al mundo terrenal y de ese modo asistirnos en el desarrollo de una tarea específica, como aprender a comunicarnos con los animales. Otros nos ayudan desde el reino invisible, a veces sin que nosotros lo sepamos.

Me refiero a los guías para la comunicación con los animales como nuestro equipo de sanación. En mi caso, los principales guías de ese equipo de curación han sido los difuntos Jiggs, el labrador al que conociste en el capítulo cuatro, y Lucero, un magnífico semental del que te hablaré en el capítulo siete. Ambos me guían y ayudan en todo lo relacionado con el trabajo que desempeño, y siempre están dispuestos a hacer lo mismo con mis estudiantes.

No es necesario que conozcas a todos los miembros de tu equipo de sanación para beneficiarte de su ayuda, basta con que seas consciente de que existen, que confíes en que están ahí. Eso será suficiente para empezar a relacionarte con ellos. Ahora llama a tus guías —en concreto, a los que están contigo en este momento—, para que te ayuden a iniciar la comunicación con los animales.

El siguiente ejercicio podemos llevarlo a cabo mediante la visualización o la meditación. Aunque no te sientas preparado para conseguirlo de ninguna de estas maneras, no dejes de intentarlo. Finge si es preciso porque aun así percibirás algún beneficio.

1. Busca un lugar tranquilo, lejos de ruidos y distracciones, donde puedas relajarte sin que nadie te moleste.

2. Empieza por adoptar una postura adecuada. Descruza los brazos y las piernas, endereza la espalda y ponte cómodo, ya sea tumbado o sentado.

3. Realiza dos respiraciones profundas y purificadoras: inhala por la nariz y exhala por la boca. Mientras tomas aire piensa que estás absorbiendo la energía curativa de la luz blanca universal y que, cuando exhalas, expulsas todas las preocupaciones, temores o dudas que puedas tener.

4. Conecta con la madre tierra del mismo modo en que lo hiciste durante el ejercicio del capítulo tres.

5. Por ser la primera vez, pide a mi equipo de sanación, compuesto por guías y ayudantes, que te ayude a encontrar el tuyo.

6. Ahora llama a tus guías y ayudantes. Imagina que son un grupo de seres benévolos, elegidos a la perfección para ayudarte a comunicarte con los animales. Quizá ya puedas sentirlos, verlos y oírlos; si no es el caso, confía en que están ahí contigo.

7. Pide a uno de tus sanadores que se presente o muestre ante ti.

8. Pregúntale si él o alguno de sus compañeros tiene un mensaje especial para ti. Recuerda que este mensaje puede venir en forma de palabras, símbolos, colores, emociones o incluso conocimientos.

9. Ten la convicción de que, con este ejercicio, allanas el terreno para estar en sintonía con los animales.

10. Da las gracias a tus sanadores.

11. Realiza un par de respiraciones profundas y vuelve al presente.

Puedes repetir este ejercicio cuando lo necesites siguiendo cualquiera de los métodos que te propongo arriba. Más adelante puedes atreverte a experimentar con tus propias tácticas.

6

El despertar de la intuición

«Porque ser libre no es solo deshacerse de las propias cadenas, sino vivir respetando y mejorando la libertad de los demás».

(Nelson Mandela)

La fresca brisa otoñal alcanzó a Katie cuando salía del granero. Por regla general, eso habría sido motivo suficiente para que se detuviera, volviera la vista al claro cielo azul y exclamase: «¡Qué día más perfecto!».

Sin embargo, ese día estaba muy lejos de ser perfecto. De hecho, estaba siendo un día horrible. Le suponía un esfuerzo casi sobrehumano poner un pie delante de otro para caminar de vuelta a casa y hacer la llamada que tanto había temido desde hacía seis semanas.

Jack, su precioso purasangre de color castaño, castrado y de dieciocho años, llevaba meses en declive, pero Katie no había reparado en ello hasta hacía seis semanas, cuando la veterinaria había hecho una visita rutinaria para vacunar y desparasitar a los animales. Una vez hubo terminado la revisión, Katie le pidió que echase un vistazo a Jack, porque últimamente comía poco y parecía un tanto nervioso. Esperaba de todo corazón que se tratara de algún parásito o, quizá, alguna lesión en los dientes; pero, en el fondo, temía lo peor: el animal parecía estar consumiéndose día a día.

La veterinaria saludó a Jack con unas palmaditas en el lomo; después escuchó su corazón con un estetoscopio, le revisó los ojos, las orejas y los dientes, y por último le pasó un ecógrafo por distintas zonas del cuerpo. Mientras le hacía el reconocimiento, Katie no podía evitar que un sudor frío le recorriera la espalda. No le quitó la vista de encima a la doctora, intentando descifrar la expresión dibujada en su rostro. Cuando por fin acabó de examinar a Jack, la doctora Robinson se volvió hacia ella y pronunció unas palabras que nunca olvidaría:

—No se aprecia ninguna masa —empezó a decir con suavidad—, pero he visto síntomas similares en otros caballos. Creo que este pobre anciano sufre metástasis.

El nudo en la garganta le impedía hablar, así que Katie se limitó a asentir. Sabía que la veterinaria tenía razón, sin embargo, su cabeza seguía buscando algo a lo que aferrarse, una esperanza. Como si le hubiera leído la mente, la doctora Robinson prosiguió:

—Hay muchas pruebas que podemos llevar a cabo para determinar con exactitud de qué se trata y lo avanzado que está —apuntó con pragmatismo.

Era más fácil de ese modo para ambas.

—No obstante, las dos sabemos que Jack es muy mayor y se encuentra muy débil. Aunque encontremos un tratamiento, no logrará superarlo. Solo estaríamos alargando su sufrimiento.

Katie asintió e intentó asimilar las duras palabras mientras el corazón se le rompía en mil pedazos y una bola de ansiedad se le asentaba en la boca del estómago.

—Si fuese mío, procuraría que pasara sus últimos días lo mejor posible y me prepararía para dejarlo ir cuando llegara el momento —concluyó mientras guardaba el estetoscopio y apagaba el ultrasonido antes de devolverlo a su funda.

Katie asintió de nuevo mientras se miraba las botas e intentaba reprimir las lágrimas, que sin embargo acabaron empapándole las mejillas. El líquido salado hizo que le escocieran los ojos y la piel.

—¿Cómo sabré que ha llegado la hora? —susurró.

La mente de Katie, aunque desbordada, consiguió de algún modo encontrar unas palabras coherentes entre aquel caos.

—Lo sabrás —aseveró la doctora Robinson dirigiendo la mirada a Jack y después a Katie, antes de volverla de nuevo hacia el caballo—. Estáis muy unidos: él mismo te hará saber cuándo está preparado.

Durante las semanas siguientes, Katie pasó todo el tiempo posible con Jack; la mayoría de las veces junto a él en el establo, simplemente disfrutando de su compañía. Aquellos fueron días agridulces: repletos de lágrimas, regalos y también de largas conversaciones.

Desde que lo había adquirido como un capricho de última hora, entre Katie y Jack había tenido lugar una asociación muy especial. Al principio lo había comprado con la idea de que hiciera compañía a los otros caballos cuando ella se fuera de viaje. Y es que Jack era un regalo para la vista, además de ser una montura perfecta. Pero Katie nunca había imaginado que se ganaría un lugar tan especial en su corazón. De todos los caballos que había tenido, Jack era el único con el que había compartido los secretos más íntimos, los sueños más inalcanzables e incluso sus peores debilidades.

Jack la conocía mejor que nadie y la había impulsado hacia la esperanza y la sanación una y otra vez. El caballo leía a Katie como un libro abierto: sabía cómo se sentía desde que ponía un pie en la cuadra. No importaba lo que pudiera ocurrir: Jack siempre conseguía levantarle el ánimo. Hacía que todo volviera a estar bien.

«¿Quién estará ahí para cuidar de mí ahora? ¿Qué pasará cuando no tenga a Jack a mi lado?», se preguntaba a sí misma, consciente de que no había una respuesta.

Cuando llegó el día fatídico, a Katie no le cupo la menor duda de que la doctora Robinson tenía razón. Jack se reclinó contra ella, y mientras le acunaba la enorme cabeza entre los brazos, Katie supo que había llegado el momento: «¿Ya es la hora, Jackie?», le preguntó. El caballo respondió con un suspiro cansado que le caló el alma hasta lo más profundo. Jack estaba en paz, y Katie lo sabía, pero no podía evitar hacerse las mismas preguntas una y otra vez mientras el animal intentaba reconfortarla. «¿De verdad es la hora?», se decía. «¿Y si puede aguantar un poco más?». A pesar del dolor, Katie hizo acopio de toda su fuerza de voluntad y concretó una cita con la doctora Robinson para la mañana siguiente.

Pasó la última noche de Jack en el establo, acurrucada sobre una manta, mientras lloraba desconsolada. Debió caer dormida en algún momento, porque cuando abrió los ojos ya era de día. Jack seguía a su lado; tenía la cabeza descansando junto a la suya, y la cálida respiración del animal le acariciaba el flequillo. Katie acercó la mano al hocico, suave y cálido, desesperada por memorizar hasta el último detalle. Los ojos del purasangre, antes brillantes y vigorosos, ahora estaban apagados, opacos: era como si supiera lo mucho que su amiga del alma estaba sufriendo.

—No pasa nada, Jackie —se disculpó con culpabilidad.

«Debería ser yo quien lo consuele —se regañó mentalmente—, y no al revés».

—Estaré bien, Jack. Es que voy a echarte mucho… mucho de menos —añadió haciendo un esfuerzo por reprimir las lágrimas.

Katie era consciente de que estaba añadiendo un fuerte dolor emocional al físico que ya sufría el pobre anciano.

—Salgamos un rato al sol, ¿te parece? —Se oyó decir a sí misma mientras le colocaba el cabezal por última vez.

Kathie y Jack caminaron por el establo, deteniéndose de vez en cuando para que él pudiera frotar el hocico contra el de sus compañeros —incluso contra el de un poni al que nunca había estado especialmente unido—. Fue una experiencia solemne, casi sagrada, y Katie no pudo evitar sentir fascinación entre tanta tristeza.

Atravesaron la puerta trasera del granero para dirigirse al patio, donde la hierba era alta y frondosa. Jack la olfateó e hizo el ademán de pastar, más por el placer de recordar la sensación que por auténtica hambre.

El rugido del motor de la camioneta de la doctora Robinson alertó a Jack, que abandonó el fingido pastoreo y levantó la cabeza. Se colocó aún más cerca de Katie y reclinó la cabeza en su pecho, como solía hacer cuando habían disfrutado juntos de un buen día. Katie le acarició el cuello e intentó ahuyentar los pensamientos negativos.

De pronto, por el rabillo del ojo, oteó un movimiento en la lejanía. Al volver la vista se topó con un magnífico halcón de cola roja que sobrevolaba el cableado que se extendía por toda la granja. Se posó sobre el largo cable, que cedió un poco a causa del peso. Distraída, Katie se preguntó si llegaría a romperse. La imagen del halcón flanqueando a lo lejos las montañas nevadas de New Hampshire mientras la doctora Robinson y sus dos asistentes se acercaban era impresionante. Cuanto más cerca estaban, con más fuerza abrazaba Katie al hermoso purasangre.

—Siempre te querré —le prometió con voz rota.

La doctora Robinson acarició el cuello de Jack.

—Sé que esto es muy duro para ti, Katie, pero estás haciendo lo correcto —dijo—. Como cuidadores debemos estar preparados para afrontar la más difícil de las situaciones —hizo una pausa—. Es la mayor prueba de amor cuando un animal llega a este punto sin retorno.

Dirigió una mirada compasiva a la joven; luego, añadió:

—Eso no significa que no duela.

Katie asintió, soltó el cuello de Jack e introdujo una mano en el bolsillo para sacar un pañuelo ya empapado y sonarse la nariz, que goteaba sin parar.

—No sé si estás familiarizada con el proceso —reanudó la doctora Robinson con suavidad—. Los caballos pueden sufrir espasmos después de administrarles la inyección.

Al ver el horror reflejado en los ojos de Katie, añadió:

—Eso no significa que sienta dolor. Es un acto reflejo, la forma que tiene el cuerpo de reaccionar a la medicación. El caballo ni siquiera estará consciente —hizo una pausa—. La mayoría de las veces, esto no ocurre, porque primero administramos un sedante. Aun así, puede pasar; por eso, cuando te despidas, necesito que te alejes unos pasos. Así nos aseguraremos de que estás a salvo.

Katie asintió. «Como si la situación pudiera ir a peor», pensó. Acunó la cabeza del bello animal entre las manos y lo miró a los ojos, profundos y compasivos, por última vez.

—Adiós, Jackie. Te quiero —susurró mientras depositaba un último beso en su nariz.

Como siempre hacía, Jack frotó el hocico contra su cuello en respuesta. Acto seguido, la joven se apartó varios metros hacia la derecha hasta llegar a una zona en sombra que la doctora Robinson le señalaba con un gesto. Entonces levantó la vista al cielo y vio de nuevo el halcón de cola roja, que todavía los contemplaba desde el cable combado. Parecía un ángel de la guarda.

No quería que el último recuerdo de Jack fuera la doctora Robinson administrándole la inyección, así que mantuvo la mirada posada en el halcón mientras continuaban los preparativos. Sin embargo, justo cuando la veterinaria anunció que era el momento y sus ayudantes se acercaron para sujetar el caballo, el halcón echó a volar en su dirección. Cuando sobrevoló a Jack, este se alzó de golpe sobre las poderosas patas traseras y dio un salto enorme de varios metros, justo antes de desplomarse en el suelo. La doctora Robinson corrió a su lado con el estetoscopio en una mano para confirmar lo que Katie ya sabía: Jackie se había ido.

Después de aquello, todo parecía una película desarrollándose a cámara lenta: Katie dio las gracias a los veterinarios y aceptó el trozo de cola que le habían cortado a su amigo. Caminó de vuelta a casa con la mente enajenada. Allí la esperaba Dan, su marido, que había preferido darle un poco de espacio durante el último aliento de Jack. Cuando entró en casa, Katie se vino abajo. Con el corazón hecho pedazos, la joven rompió a llorar en los brazos de su marido, incluso sabiendo que había hecho lo correcto.

La pena desgarradora cedió con el tiempo, aunque el dolor siguió acuciándole el corazón. Una semana después de la tragedia, la joven se animó a hablar sobre ello con una amiga dotada de dones espirituales, Brenda. Cuando mencionó al halcón y lo que había ocurrido, su amiga sonrió mientras sacudía la cabeza.

—¿Crees que significa algo? —preguntó Katie, aunque no esperaba una respuesta.

Brenda sonrió.

—Estoy segura —respondió—. Existe un vínculo muy profundo entre los halcones y los caballos. Cuando Jack saltó, el halcón lo sobrevoló para llevarse su espíritu.

Katie se quedó callada, intentando procesar lo que decía Brenda. Por alguna razón y por extraño que pudiera parecer, aquello tenía sentido.

—Jack saltó tan alto para que supieras que estaba feliz al liberarse por fin del dolor que le provocaba su cuerpo, viejo y desgastado.

Las lágrimas se habían vuelto a agolpar en los ojos de Katie y ahora rodaban sin control por sus mejillas. En lo más profundo de su ser sabía que Brenda llevaba razón, aunque no hubiese pensado mucho en ello antes. Incluso la doctora Robinson se había sorprendido al ver lo alto que había saltado Jack, lo que respaldaba aún más esa teoría.

Cuando Katie le contó la historia del halcón a Dan, este se quedó pensativo.

—¿Sabes? —dijo—. Yo también lo vi. Dio la casualidad de que estaba mirando por la ventana.

Descendió la mirada hasta Katie y le regaló una sonrisa.

—No puedo creer que esté diciendo esto, pero creo que es exactamente lo que vi. Liberaste a Jack y el halcón estaba allí para llevarse su espíritu.

Enseñanza

Todos los que hemos tenido un animal especial en nuestras vidas nos hemos visto en la obligación de tomar decisiones difíciles en algún momento. A menudo no sabemos qué hacer y solo deseamos que alguien nos indique la dirección correcta, recibir una señal que nos muestre el buen camino. Tal y como le ocurrió a Katie, los animales nos envían mensajes, y, si somos receptivos, esas señales siempre traen un beneficio y un poco de esperanza, por muy duras que sean las decisiones que debamos tomar. Cuando el corazón nos arrastra hacia una determinada dirección una y otra vez, podría ser un buen indicador para prestar atención a lo que nuestro animal intenta decirnos. Sea cual sea la elección a la que nos enfrentemos, seguir el consejo y la sabiduría divina de nuestros compañeros animales es beneficioso para la vida de ambos, incluso si nos piden que tomemos una decisión difícil.

Sometida a la más dura de las pruebas, Katie fue capaz de prestar atención a las señales que le enviaba su compañero, de confiar en su propia intuición. Tras volverse más receptiva con los animales fue capaz de percibir la asociación tan intensa entre ella y su mascota, además de con otros animales y la naturaleza. Katie confió en la sabiduría de su compañero animal, que le hizo saber cuándo estaba preparado para irse; algo que la joven comprobó mientras se extinguía en él la llama de la vida.

Los animales tienen alma, igual que los humanos, y quieren que sepamos que siguen con nosotros incluso cuando su corazón ha dejado de latir. Su partida es muy dolorosa para los humanos, que vivimos más años, pero podemos reconfortarnos con su espíritu, que sigue con nosotros, tal y como aprendió Katie.

Reflexiones

Piensa en una relación con un compañero animal en la que hayas tenido que confiar en tu instinto para tomar decisiones difíciles por el bien de tu mascota.

1. ¿Alguna vez un animal te ha comunicado una necesidad que te haya obligado a tomar una decisión difícil, basada en esa información?
2. ¿De qué se trataba? ¿Cómo te sentiste?
3. En retrospectiva, ¿crees que tu decisión satisfizo el deseo de ese animal?

Ejercicio: descubrir tu animal espiritual

Ahora que ya has conocido a tus guías y ayudantes *(véase el capítulo cinco)* es el momento de conocer a otra figura esencial para el transcurso de tu viaje y lograr la comunicación entre especies: tu animal espiritual. Este amigo peludo puede guiarte o impulsarte en el aprendizaje para la comunicación y sanación animal. Todos los seres sintientes son iguales y tienen unos conocimientos y dones mágicos que desean compartir con la humanidad. Tu animal espiritual puede ser cualquiera —por ejemplo, un halcón, un oso o una rana— que tenga una afinidad especial contigo y una energía, una serie de rasgos, dones o mensajes que puedan beneficiarte. Una vez hayas descubierto a tu animal espiritual podrás llamarlo o invocarlo siempre que quieras, para que riegue tu campo energético con su esencia.

El espíritu de los animales acude a nosotros por diversas razones y en diferentes etapas; incluso puede que nos acompañe durante toda la vida. Pero tu animal espiritual te ayudará sobre todo a comunicarte con los animales y se quedará a tu lado de por vida. Esto no significa que no te acompañen otras almas animales, ahora o más adelante, pero, para la comunicación animal, será este guardián el que más tenga que enseñarte, el que querrá formar parte de tu viaje mientras trabajas estos ejercicios.

Para conocer mejor a tu animal espiritual y saber cómo puede ayudarte a potenciar tus dones, primero debes estudiar sus características, su hábitat natural, sus prácticas de cría, sus hábitos, los sonidos que emplea para comunicarse —si los hace— y cualquier otra cosa que te parezca interesante. Todos los detalles que aprendas sobre él te proporcionarán información valiosa. Ahora sí, ¡conozcamos a tu animal espiritual!

Puedes llevar a cabo el siguiente ejercicio a través de la meditación o la visualización. Puedes llevar a cabo el siguiente ejercicio a través de la meditación o la visualización. No obstante, si no te sientes cómodo, puedes recrear los pasos que te explico a continuación mentalmente; así podrás seguir beneficiándote de la práctica:

1. Busca un lugar tranquilo, lejos de ruidos y distracciones, donde puedas relajarte sin que nadie te moleste.
2. Empieza por tomar una postura adecuada. Descruza los brazos y las piernas, endereza la espalda y ponte cómodo, ya sea tumbado o sentado.

3. Realiza dos respiraciones profundas y purificadoras: inhala por la nariz y exhala por la boca. Mientras tomas aire piensa que estás absorbiendo la energía curativa de la luz blanca universal y que, cuando exhalas, expulsas todas las preocupaciones, temores o dudas que puedas tener.

4. Conecta tus pies al suelo del mismo modo en que lo hiciste durante el ejercicio del capítulo tres.

5. Ahora toma el tiempo que necesites para llevar tu conciencia al reino de la naturaleza: desde allí podrás conectar más fácilmente con el reino animal y todas las especies de la madre tierra.

6. Visualízate sentado en un bello paraje natural, a ser posible uno que te resulte familiar; si no, con la imaginación dibuja uno que te parezca idílico.

7. Disfruta de la naturaleza y la serenidad de ese lugar; después toma nota mental de sus características.

8. A la cuenta de tres pide a tu animal espiritual que se revele ante ti y confía en que lo haga. Puede tener cuatro patas, alas o aletas. No importa si es un reptil o un insecto. Recuerda que todos los animales son iguales y tienen una sabiduría divina que compartir contigo.

9. Uno…, dos…, tres… ¡Ahora!

10. Visualiza a ese animal a tu lado. ¿De cuál se trata? La presencia de tu compañero espiritual puede ser tenue, como un destello, o más intensa. De cualquier modo, ahora tienes a un animal espiritual a tu lado para que te ayude a llevar a cabo estos ejercicios.

11. Podrás volver al lugar idílico que has creado y conectar con tu animal espiritual cada vez que recuerdes tus sentimientos de este momento.

12. Ahora da las gracias por tu animal espiritual.

13. Siente el contacto del suelo bajo los pies, haz un par de respiraciones profundas y vuelve al presente.

Repite a menudo este ejercicio, sea cual sea el método que hayas elegido; más adelante podrás utilizar otras técnicas.

Parte III
Los animales como guías

7

Progresos transformadores

«Un gran caballo cambiará tu vida;
el verdaderamente especial la definirá».

(AUTOR DESCONOCIDO)

Tras el revelador curso que realicé en el establo de Stratford, Ontario, la instructora mencionó que Lucero, el caballo con el que había estado en contacto espiritual, vivía cerca, en Newmarket. Me emocioné cuando me sugirió la posibilidad de poder conocerlo en persona. La experiencia de comunicación con Lucero a través de una simple fotografía había sido tan profunda que la sola idea de encontrarme con él cara a cara me hacía saltar de alegría.

Me puse en contacto con el propietario y concertamos una cita para la semana siguiente. Tengo que confesar que contaba los días que faltaban para el encuentro como un niño que espera la Navidad. Llegó el momento. Hice el corto trayecto hasta la granja con mucho nerviosismo; me preguntaba qué iba a suceder. Pensaba en lo maravilloso que podría ser el vínculo que nos uniera al vernos, pero también me inquietaba que la experiencia no estuviese a la altura de mis expectativas.

La granja estaba al final de un largo camino, escondida tras unos robles resistentes y robustos. Cuando por fin llegué a la casa, el propietario salió a mi encuentro desde la parte de atrás con una sonrisa dibujada en el rostro. «Estaba en el granero, a la espalda de la casa. No te vi llegar, pero Lucero me avisó de que ya estabas aquí».

Juntos caminamos hacia el establo para conocer por fin a Lucero. Entonces lo vi, mucho más hermoso de lo que podría describir: su espíritu resplandecía en forma de luz a su alrededor, como el halo de la luna brilla en el desierto en una noche despejada. Es probable que el señor Walters se diera cuenta del ansia que sentía porque se apartó para dejarme contemplar el extraordinario animal. Por último extendí la mano hacia él. El primer contacto con Lucero fue inspirador; era como si el cielo se abriera para regalarme toda su energía. Mi vida acababa de dar un vuelco en ese preciso instante. Lucero me hablaba y yo lo escuchaba con total claridad. Casi estaba abrumada por la experiencia: notaba cómo se me expandía el corazón y cómo fluía por todo mi cuerpo la energía, lo que me producía un hormigueo incontrolable. La presencia de un gran maestro es algo intenso, sin importar el contexto.

Tuve la sensación de haber viajado a otra dimensión, en la que el lenguaje que se usa para comunicarse es otro, y de que nuestras almas se fusionaban en una sola. Dejó pasar unos minutos y, después, el señor Walters propuso sacar a Lucero hasta un prado para poder disfrutar de un espacio abierto. Lo observé, admirada, mientras salía. Lucero era magnífico, imponente, omnisciente, con tanta fuerza interior como exterior. Por supuesto, no le faltaba energía, como era de esperar en un semental tan lleno de vida.

Como ya mencioné en el capítulo cuatro, Lucero era un pura raza española —lo que a veces se llama «caballo andaluz»—; una estirpe que destaca por su audacia y espíritu aventurero. Son intrépidos, inteligentes, sensibles, un tesoro de la naturaleza, y además saben adaptarse a distintas circunstancias. Y ¿ya os he hablado de su alma? Lucero era todo eso y mucho más.

Conocerlo hizo que encajaran las piezas del rompecabezas espiritual que era mi vida. Allí, en el prado, con el sol a la espalda y la hierba fresca bajo los patas, me contó que siempre había estado a mi lado, desde mucho antes de nuestra primera charla, mostrándome el camino que me llevaría hasta mi destino final.

Era fortificante contar con un aliado tan poderoso. William Shakespeare supo describir a estos purasangre casi a la perfección en su obra *Enrique V*: «Es puro aire y fuego, ni los elementos aburridos de la tierra ni el agua forman parte de él, tan solo en la quietud paciente mientras el jinete lo monta; en verdad, es un caballo. A todos los demás podéis llamarlos bestias»[2].

Después del primer encuentro, Lucero se ofreció a seguir enviándome de modo telepático información y mensajes que me guiaran en la vida personal y profesional. Me proporcionó una imagen clara del logotipo que debía usar y no dejó de animarme a continuar profundizando en el nuevo campo que se estaba abriendo ante mí.

La conexión con Lucero ha sido una de las más profundas que he experimentado con un animal; fue además la que dio un vuelco fundamental a mi vida. Aún hoy, con

---

2. William Shakespeare, *Henry V* (Londres: Gardner, 1910), 3.7.21–25.

Lucero ya fallecido, sigue siendo uno de mis guías espirituales, aquel al que llamo cariñosamente «el gran maestro del reino equino».

Tras el contacto físico, los mensajes de Lucero no dejaban de llegar, como si se hubiera roto una presa. Al principio, la información era tan prolífica que no podía asimilarla, era como beber del agua de una manguera contra incendios: era imposible plasmarla en un papel o compartirla verbalmente con otros al ritmo que llegaba. Todo lo que podía hacer era captar pequeños fragmentos de aquella sabiduría exquisita y profunda que me inundaba.

Tardé un tiempo en aprender a descodificar los mensajes de Lucero. Llegaban a borbotones con diferentes formas; no solo mediante palabras, también como sentimientos, impresiones, imágenes, símbolos, certezas…, incluso conocimientos que no sabía cómo había adquirido. Me di cuenta de que siempre había recibido aquellos mensajes, pero que hasta ese momento no fui consciente de que provenían de él.

Me enseñó que los animales poseen una sabiduría y un poder de sanación divinos para compartir con la humanidad. Es su misión y la mía ayudar a difundir este mensaje.

En una ocasión, estando en Arizona, recibí una comunicación muy clara de Lucero en la que me pedía que fuera a visitar una playa concreta —la Playa de los Perros en Santa Bárbara, California— para entrar en comunión con los delfines. Sin saber qué me iba a encontrar, me dirigí al lugar y viví una experiencia mágica.

Cada vez que me acercaba a la playa, los delfines salían a mi encuentro, se comunicaban conmigo, conectábamos y aumentaban mi campo de energía. Sentía en el alma la certeza de que me estaban alentando a avanzar en las técnicas de sanación en mi trabajo.

Durante la conversación con los delfines noté cómo mi cuerpo se expandía, cómo por cada uno de mis chakras entraba un torrente de energía que me abría las puertas de la sabiduría superior de los delfines.

Lucero me había transmitido lo importante que era mantener una comunicación directa con los delfines. Ellos querían conocerme personalmente; había sido elegida para ser el conducto, el portal de comunicación entre ellos y otros animales, lo que a su vez me daba la oportunidad de aumentar mi conexión con el mundo animal. Era el modo de iniciarme en esa tarea y, como prueba de ello, dejaron una marca sobre mi cuerpo. En efecto, a la mañana siguiente observé una mancha en la zona del plexo solar. Al principio no le presté mucha atención, pero la zona se iba oscureciendo día a día. Daba la impresión de que la piel se estuviese bronceando únicamente en aquella pequeña figura que tenía la forma perfecta de… ¡un delfín!

La sincronía era demasiado obvia como para pasar desapercibida. Durante varios días se lo mostré a algunas personas. Una de ellas me dijo: «Los delfines te han marcado porque eres la elegida para la comunicación». Esta experiencia es un ejemplo claro de la interconexión que hay entre todos los seres. Lucero sabía que era necesario un encuentro físico con los delfines: lo necesitaba para poder seguir avanzando en mi viaje espiritual. Por eso me empujó a llevarlo a cabo y, como siempre, me llevó por el buen camino. A partir de entonces, Lucero no volvió a trastocar de un modo tan intenso mi vida, sino que estableció un flujo constante de información, orientaciones y conocimientos. Poco a poco, la sabiduría de Lucero empezó a llegar con total naturalidad, de modo continuo pero suave. Nos habíamos fundido en un solo ser y me guiaba a través de mis propios pensamientos.

El espíritu de Lucero, tanto cuando habitaba en el plano terrenal como ahora después de abandonarlo, es el hilo de oro que entreteje las piezas de mi vida y de mi ser. Desde que tuve contacto con él, ha inspirado y guiado todo lo que he hecho y continúa haciéndolo, cada vez de un modo más claro. Si echo un vistazo atrás, puedo reconocer su huella en todas las decisiones cruciales de mi vida, en la suma de acontecimientos que han dado como resultado la persona que soy hoy. Por ejemplo, Lucero me inspiró cuando decidí vender mi casa en Toronto. Dejé atrás todo lo que conocía para hacer de Sedona, Arizona, un nuevo principio. Primero pasaron algunas temporadas cortas hasta que, por fin, conseguí un permiso de trabajo que me permitió instalarme en esta ciudad mística. Supuso un cambio importante. En aquel momento me dedicaba a los negocios inmobiliarios y me iba bien, pero mi alma no estaba satisfecha.

Otro giro que, gracias a Lucero, di en mi vida profesional fue incorporar las habilidades intuitivas y los dones divinos que él me enseñaba a los programas de ayuda y sanación de las personas. El resultado fue muy satisfactorio. Más adelante, también siguiendo sus indicaciones, inicié una nueva faceta profesional: enseñar a otras personas la comunicación y sanación animal; algo que resultó ser uno de mis mayores éxitos.

Con Lucero he abierto los ojos al conocimiento y a la comprensión del reino invisible, y lo mismo puede ocurrirte a ti. Si sosegamos la mente, abrimos el corazón y contactamos con la energía que emana de la tierra, los animales conectarán con nosotros o esperarán ansiosos a que les hagamos una señal. Siempre dispuestos, nos ayudarán a comunicarnos no solo con ellos, sino también con otros animales, y a aprender a sanar —a nosotros mismos y a los demás—. Nos brindarán su valiosa compañía mientras caminamos por la vida, actuando de guías y apoyándonos siempre que lo necesitemos. Mi querido compañero me ha transmitido su sabiduría. Me invita a sentirme relajada, desenfadada: «Sé tan apacible como mi cálido aliento penetrando en el chakra de tu corazón». «No seas demasiado estricta, actúa con naturalidad y frescura, como el agua que discurre sobre las piedras de un río». «Ábrete y recibirás».

Poco después de mudarme a Sedona, el espíritu de Lucero me despertó a media noche. Quería que me levantara porque tenía que darme un mensaje importante. Tenía sueño y lo último que me apetecía era salir del dulce calor de las sábanas. Sin embargo, Lucero insistía, era algo que no podía esperar porque el momento y las energías eran perfectas en ese mismo instante. Me arrastré como pude fuera de la cama, mientras me cubría con una bata y me daba instrucciones muy detalladas: debía tomar papel y lápiz y dibujar un caballo. Así lo hice. A continuación me indicó que marcara un punto en los lugares exactos del dibujo: eran los puntos de intersección de una red de flujos de energía. Lucero me siguió explicando que eran portales para una curación profunda; me invitaba a incorporarlos a las técnicas de sanación que utilizaba en el trabajo, y por supuesto lo hice. Tú también podrás incorporar el uso de estos puntos en un ejercicio posterior.

Puntos del portal indicados por Lucero

Lo puse en práctica en la sanación animal. Muchos de mis clientes me hicieron saber la rapidez con que sus compañeros se habían recuperado: tanto los problemas de comportamiento como los de salud se resolvían satisfactoriamente. Incluso para sorpresa de algún veterinario, enfermedades de imposible o difícil curación habían remitido sin explicación alguna.

«[Lucero] se acercó a mí por detrás y sentí su suave respiración en los oídos —me dijo Stephanie, una estudiante—. Abrió todos mis canales intuitivos. Podía sentirlo, olerlo y escucharlo. Me sentí muy tranquila. Permaneció unos minutos a mi espalda mientras meditábamos y, a continuación, se colocó frente a mí. Contemplé atónita su belleza durante unos instantes; después, acepté la invitación y lo seguí, confiada».

Lucy, otra estudiante, hace hincapié en algo que siempre he admirado de Lucero: no hay artificio en él, habla sin tapujos, con total naturalidad. «Lucero siempre ha sido sincero conmigo, nunca enmascara la verdad —decía Lucy—. En términos metafóricos, cuando oigo cómo golpea el suelo con las pezuñas, el tiempo se detiene y solo puedes escuchar. Por todo lo que ha compartido conmigo, lo quiero y lo respeto profundamente. Me ha enseñado a no tener miedo y perseguir mis sueños».

Incluso los alumnos que no lo han conocido físicamente ni han visto una fotografía suya son capaces de describirlo con precisión. Al concluir uno de los talleres, una mujer llamada Delia me dijo: «En mi mente, Lucero se mostró con toda su grandeza, resplandeciente, con la melena ondeando al viento. Era simplemente glorioso. Me dijo que usara mi poder y mi don, que no huyera de ellos. Que podía hacerlo mucho mejor de lo que hasta ahora lo estaba haciendo. Me encantó mi experiencia con él: es sabio y amable».

Lección

Como vemos, los animales pueden ser guías extraordinarios en muchos sentidos. Desde lo sutil hasta lo más importante. Nos ayudan a convertirnos en nuestro yo verdadero, a poner en práctica los dones que tenemos; en definitiva, a llevar a cabo nuestra vocación divina.

Todos los animales, ya sea un caballo tan imponente y poderoso como Lucero o un pequeño gatito, tienen una sabiduría que compartir. Existen guías de distintos niveles. La mayoría son ayudantes, sanadores y consejeros. Cuando ven que nos desviamos del camino pueden convertirse en un auténtico dolor de cabeza. Pero son nuestros mejores aliados y protectores;

los guardianes de las «misiones divinas» que tenemos enco-
mendadas. Ellos nos empujan sin descanso hacia la mejor versión de nosotros mismos, animándonos a manifestar lo que
nuestras almas de verdad han venido a hacer.

Para mí, el guía de mayor nivel que puede haber es Lucero, un ser superior que, de un modo u otro, participa en todo
lo que hago, alentándome y echándome una mano. Empezó a
hacerlo cuando estaba aquí, en la tierra, dentro de su cuerpo;
pero desde que murió en el año 2002 lo sigue haciendo desde
el reino invisible.

Cuando mi mente se dejó inundar por su sabiduría, descubrí un mundo nuevo. Soy consciente no solo de la cantidad
tan apabullante de información que posee, sino también del
deseo enorme que tiene de compartirla conmigo si yo estoy
dispuesta. Cuando reconozcamos los mensajes y asimilemos
las enseñanzas que nos regalan estos guías, nos llevarán a un
plano superior de vida, donde nos transformaremos en los seres que el universo quiso que fuéramos.

Ejercicio: abrirse a las indicaciones

Dejarnos guiar por nuestros compañeros animales requiere tener el corazón totalmente abierto. Tenemos que establecer
una conexión entre su corazón y el nuestro; solo de ese modo
podremos recibir toda la sabiduría que nos van a dar.

Para conseguir tener un corazón despejado y libre como
el de los animales, tenemos que hacer primero un ejercicio
de autosanación. Es de vital importancia que nos curemos;
tenemos que dejar de lado cualquier problema pendiente
que resida en nuestro interior, ya sea físico, emocional,
mental o espiritual. De este modo nos liberamos de cual-

quier prejuicio, creencia o convicción que pueda interferir en la conexión.

Para hacer este ejercicio tendrás que repetir los pasos de otros anteriores, necesarios para conseguir contactar con la madre naturaleza y sosegar la mente. Ten en cuenta que cada ejercicio se basa en los que ya has hecho.

1. Busca un lugar tranquilo, lejos de ruidos y distracciones, donde puedas relajarte sin que nadie te moleste.

2. Empieza por tomar una postura adecuada. Descruza los brazos y las piernas, endereza la espalda y ponte cómodo, ya sea tumbado o sentado.

3. Realiza dos respiraciones profundas y purificadoras: inhala por la nariz y exhala por la boca. Mientras tomas aire piensa que estás absorbiendo la energía curativa de la luz blanca universal y que, cuando exhalas, expulsas todas las preocupaciones, temores o dudas que puedas tener.

4. Ahora piensa en una corriente de luz blanca viniendo hacia ti y que, poco a poco, se introduce en la parte superior de tu cabeza, donde se encuentra situado el séptimo chakra. Después imagina que esa energía va descendiendo por tu cuerpo e iluminando cada célula de tu ser.

5. A continuación visualiza esa energía universal saliendo de las plantas de tus pies y de la base de tu coxis.

6. Imagina la luz atravesando el suelo y los pisos inferiores, desde donde seguirá expandiéndose hasta conectarte con lo más profundo de la madre tierra.

7. Centra la atención en tu corazón —el cuarto de los siete chakras, a la altura del esternón—. Piensa en dos peque-

ñas puertas francesas de unos quince centímetros de altura y que puedes abrir a tu voluntad.

8. Visualízate abriendo esas puertas, igual que lo haces con las ventanas de casa en un día cálido y soleado. Disfruta de la brisa reconfortante y de la luz del sol. Da las gracias por ello.

9. Abre tu corazón a cualquier conocimiento que, bajo formas diferentes, pueda llegar a ti y sea en beneficio propio, de tus mascotas o de cualquier ser.

10. Ten la convicción de que, con solo hacer este ejercicio, tu corazón se ha abierto para recibir las indicaciones de tus compañeros animales.

11. Observa qué sientes en este momento física, emocional y mentalmente.

12. Si tu mascota está cerca, examina cómo reacciona ante ti o qué parece sentir cuando estás conectado a la tierra con el corazón abierto y receptivo.

13. Ten la seguridad de que podrás volver a este lugar solo con recordar cómo te sientes en este momento.

14. Da las gracias por este proceso.

15. Siente el contacto del suelo bajo los pies, haz un par de respiraciones profundas y vuelve al presente.

Repite a menudo este ejercicio; sea cual sea el método que hayas elegido, más adelante podrás utilizar y experimentar con otras técnicas. Recuerda que, aunque tengas dificultades para visualizar, debes tener paciencia, no desesperes. Puedes lograr el mismo objetivo imaginando que lo estás haciendo. Aunque resulte extraño, es un método que funciona en aquellas personas que tienen dificultades para hacerlo.

8

Una guía poco convencional

«Me miraba como si pudiera salvarla
de todo el mal que existe en el mundo.
Pero yo tenía un secreto: ella me había salvado a mí».

(Lauren Oliver)

Cuando a la hija de Nancy, Colleen, le diagnosticaron un cáncer en fase cuatro, la enfermedad ya se había propagado al sistema linfático. Colleen acababa de instalarse en una nueva casa junto a su compañera de aventuras, Artemis, una gata preciosa y con un pelaje singular salpicado de manchas rojizas y naranjas. A Colleen le habían detectado cáncer después de una dura separación matrimonial, por lo que gata y dueña estaban pasando por una etapa bastante dura.

Colleen era conocida por su labor como rescatista de gatos, la mayoría arrojados a la calle cuando los dueños ya no los querían. Había desarrollado una profunda conexión con Artemis, a pesar de que tenía un carácter poco amigable y un extraño pelaje. Cuando Colleen cayó enferma, Nancy se volcó en cuidar de su hija. Durante el breve periodo de tiempo que aquello duró, Nancy intentó conocer a Artemis, que no fue muy cariñosa con ella. Con todo, Nancy sabía que aquella gatita ocupaba un lugar especial en el corazón de su hija, así que hizo todo lo posible por trabar una amistad con ella mientras la acompañaba en la enfermedad.

Cuando Colleen falleció, Nancy adoptó a Artemis. No estaba segura de aquella decisión, pero sentía que se lo debía a su hija. Después de todo, esa gatita era cuanto le quedaba de ella. Y Nancy se aferraba a cualquier cosa que le recordara a Colleen. Tampoco estaba segura de poder encontrar a alguien que quisiera quedarse con Artemis. Incluso si daba con una familia dispuesta a hacerlo, ¿el animal conectaría con ellos?

Después de llevarla a casa, Nancy se dio cuenta de lo asilvestrada que estaba. Las mudanzas, las experiencias traumáticas y la pérdida de Colleen habían creado una enorme inseguridad en la gatita. Como era de esperar, Artemis había sido testigo de todo lo que había ocurrido en la familia, y a Nancy le costaba mucho acercarse a ella. Con el tiempo, a la mujer la invadió un sentimiento de desazón. Aun así abrigó la esperanza de que, algún día, Artemis se sintiera cómoda a su lado.

Durante las primeras semanas, Nancy no se despegó de Artemis: durmió con ella, le cantó…, siempre pendiente de ella mientras intentaba lidiar con su propio dolor. Pero cuando un día la gatita la mordió con fuerza, Nancy supo que las cosas no podían continuar así indefinidamente. Contactó con un veterinario, que la advirtió de que el animal no cambiaría y aconsejó sacrificarla.

—No cambiará —sentenció—. Siempre será incontrolable.

Sin embargo, Nancy amaba a los animales y descartó de inmediato la opción de la eutanasia. Entonces, como si el universo hubiera escuchado sus plegarias, descubrió mi curso de comunicación animal y curación energética.

«Estaba desesperada. Ni siquiera recuerdo cómo te encontré —me dijo—. Pero estaba segura de querer intentarlo».

Nancy seguía el curso y aplicaba lo aprendido a Artemis, que parecía mejorar. Poco a poco, le permitió acercarse e incluso aceptó su contacto. Con tiempo y paciencia, Artemis comenzó a aproximarse a Nancy mientras trabajaba y a dormir junto a su cama. A medida que el comportamiento de la gatita cambiaba, la mujer empezó a relajarse; sentía que, después de todo, podrían conectar y ser amigas.

Nancy se centró en la curación y la limpieza energéticas, pues aún no estaba preparada para practicar la comunicación animal. Atravesaba una etapa muy dura: no solo había perdido a su preciosa hija y se había hecho cargo de un gato arisco tan atormentado como ella, sino que además ayudaba a otro familiar a enfrentarse al cáncer. Eran tiempos difíciles.

Al cabo de unos meses, Nancy se sintió preparada para iniciar la práctica de la comunicación con su compañera felina. Con el paso del tiempo quedó patente que ella y Artemis cuidaban la una de la otra, que ambas se sentían mejor. Descubrir que una gatita traumatizada fuera capaz de sanarla por dentro fue toda una revelación para Nancy. No podía creer que aquel animal, que había pasado por tanto y dependía tanto de ella, estuviera al mismo tiempo ofreciéndole la ayuda que necesitaba.

He llegado a la conclusión de que la mayoría de las personas que se inscriben en el curso de sanación y comunicación animal lo hacen porque están a punto de perder a un amigo peludo o acaban de perderlo. Creo que los animales los guían hasta mí con el fin de conseguir ayuda para ambos. Igual que sucede con la pérdida de un compañero humano. Los animales con que convivimos nos empujan hacia la sanación cuando perciben que la necesitamos; saben que el proceso de creación de un vínculo con ellos nos ayudará a conseguir el bienestar.

En el caso de Nancy no fue rápido ni sencillo. Introducir a Artemis en una familia de dos gatos —Odín y Diana— fue todo un reto, pero con el paso del tiempo aprendieron a afrontar juntos el día a día. «Ahora también juega con el resto de la familia —afirmaba Nancy—, y eso que nunca había interactuado con otros gatos». Artemis ha conseguido disfrutar de la compañía de Odín y Diana e incluso permite a Nancy que la acaricie y le cepille el pelaje por la noche.

Llevan juntas dos años y medio, tiempo durante el cual Nancy no solo ha completado su formación, sino que se ha convertido en una sanadora animal exitosa. Está convencida de que este era su propósito en la vida y que Artemis la ha ayudado a cumplirlo. «Es un milagro —confesaba—. Gracias a ella siento que una parte de Colleen, mi hija, todavía está conmigo, lo que es muy reconfortante».

He sido testigo de innumerables casos en los que las personas se han propuesto ayudar a un animal necesitado, salvarlo o rescatarlo —de la forma que fuera—, pero luego acabaron siendo ellos los salvados durante el proceso, tal y como refleja la historia de Nancy y Artemis. La mayoría de las veces, los humanos no reconocemos que necesitamos ayuda, y menos aún que un animal pueda salvarnos. Por regla general, hasta que no echamos la vista atrás, no nos damos cuenta del papel esencial que un animal ha desempeñado en nuestro camino de sanación.

Ellen, otra clienta, me contó una experiencia similar, la cual también cambió su vida. Amante de los gatos desde que puede recordar, disfrutó narrando con todo lujo de detalles la historia de cómo uno de sus queridos amigos felinos la protegió en una situación extrema.

Cuando la gata de un vecino dio a luz a una camada de siete gatitos, Ellen y su padre adoptaron uno. Padre e hija compartían un apartamento y, aunque la compañía del otro era suficiente, decidieron incorporar un nuevo miembro a la familia. Hacía poco que habían perdido a su querido gatito, Samuel, después de trece años felices juntos y lo echaban de menos, sentían la casa vacía.

A Ellen la recorrió un sentimiento de emoción nada más entrar en el piso del vecino. Oía a los gatitos maullar desde el otro lado del salón. Con un nido de mariposas en el estómago avanzó acompañada de su padre hasta ver en el suelo una enorme caja de cartón. Le encantaba la perspectiva de traer un recién nacido a la familia.

Cuando descendió la mirada a la caja, Ellen se quedó sin aliento. Dentro había un revoltijo de bolitas de pelo entrelazadas y retorciéndose unas encima de otras. Los gatitos volvieron la vista hacia arriba, con las pequeñas bocas rosáceas abiertas de par en par, maullando sin cesar. Ellen los observó con detenimiento. Eran siete crías diminutas. Y todas merecían un hogar. Sabía que el gato que eligiese viviría feliz con ellos, pero ¿cómo elegir uno entre tantos?

Intentó centrar la atención en cada gatito, uno por uno, pero, cada vez que intentaba fijar la mirada en uno de ellos, un compañero de la camada se encaramaba encima para exigir su turno de protagonismo.

—Son una preciosidad, ¿verdad? —dijo la vecina—. Hay otros conocidos que vendrán más tarde para echarles un vistazo. Pero como habéis perdido a vuestro viejo amigo hace poco, imaginé que te gustaría ser la primera en elegir uno.

—Gracias —respondió Ellen, todavía intentando separar un gatito de otro con los ojos.

La situación empezaba a estresarla. Sabía que iba a ser muy difícil elegir uno.

Su padre, sentado detrás de ella, alternaba la mirada entre Ellen y los gatitos. Podía percibir lo difícil que le resultaba decidirse.

—¿Qué te parecen? —preguntó al fin—. ¿Ya tienes un favorito?

Ellen volvió a mirar a los gatitos. No había ninguno que le gustase más que otro; estaría contenta con cualquiera de ellos.

—No estoy segura —murmuró mientras se volvía hacia su padre—. ¿Y a ti? ¿Hay alguno que te llame la atención?

El hombre paseó una vez más la mirada por el revoltijo de boquitas rosas y orejas peludas.

—Este —anunció con entusiasmo.

Acercó la mano a la caja, sacó una de las crías y la sostuvo frente a Ellen para que la viese de cerca. El diminuto animal parpadeó varias veces mientras la observaba, y a Ellen le dio la sensación de que intentaba guiñarle el ojo mientras emitía aquellos suaves maullidos.

Ellen regaló una amplia sonrisa a su padre.

—Es guapo, pero ¿por qué este? —preguntó.

—Porque tiene un aire a Humphrey Bogart —contestó su padre con una carcajada.

«Así era —contaba Ellen—. Y lo llamamos Bogart. Desde el principio fue un compañero muy especial. Siempre nos referimos a él como "nuestra pequeña celebridad"».

El hombre puso a Bogart en las manos de su hija y ella lo llevó hasta el apartamento. Allí lo dejó sobre una de las alfombras. El animal permaneció inmóvil durante un momento, mientras asimilaba la novedad; luego, corrió a explorar su nuevo hogar tambaleándose sobre esas patitas frágiles. Al cabo de unos minutos, Bogart regresó a los brazos de Ellen, que estaba sentada en el suelo observándolo sin perder detalle. El gatito subió a su regazo y enseguida se quedó dormido.

Bogart se adaptó casi de inmediato a su nueva casa y encontró sin dificultad un hueco entre el resto de las mascotas de Ellen: una colección de loros, conejos e incluso un acuario con peces tropicales. Como cualquier otro gatito de su edad, Bogart se interesó por todos ellos. A veces se sentaba y estudiaba a los peces durante horas, si bien nunca intentó cazarlos.

A pesar de su juventud, Bogart era un alma tranquila. Seguía la misma rutina todos los días y sabía cuándo era el momento de cenar o a qué hora regresaba el padre de Ellen a casa. Era feliz tumbado al sol, pero también cuando se acurrucaba sobre el regazo de su dueña o pasaba horas enteras observando a los peces. Por eso, cuando una noche estaba inquieto, Ellen se dio cuenta enseguida.

«Esa noche, Bogart no dejaba de dar vueltas. Iba de la cocina al salón y del salón a la cocina sin dejar de mirarme —recordaba—. Al principio creí que tendría hambre, pero recordé que ya había comido». La cocina del apartamento de Ellen tenía dos entradas, una anterior y otra posterior, entre las que Bogart paseaba con nerviosismo.

Ellen estaba viendo su programa favorito en la televisión, acurrucada bajo una manta. Lo último que le apetecía era levantarse para ver qué le ocurría a Bogart, pero al final hizo un esfuerzo y lo siguió hasta la cocina, esperando ver un ratón o algo parecido.

—Vamos, Bogart —le dijo—. Enséñame qué es lo que te tiene tan alterado esta noche. ¿Qué pasa, amigo?

Sin embargo, lo que encontró no fue un ratoncillo correteando por el suelo, sino que un fuerte olor a gas le invadió las fosas nasales. Resultaba que uno de los fuegos de la cocina estaba abierto y sin llama, con lo que el gas se había esparcido por la habitación. Si Bogart no la hubiese advertido del peligro, Ellen podría haberse quedado inconsciente a causa del aire contaminado o, peor aún, haber sido víctima de una explosión. La insistencia del animal le había salvado la vida a ella y puede que también a los vecinos.

En otra ocasión, Bogart la alertó de un incendio en el edificio, con lo que salvó su vida una vez más. Por extraordinario que parezca, no se trata de un caso aislado. He escuchado numerosas historias de animales que han prevenido a sus dueños de un daño irreparable. Una rápida búsqueda por Internet revela múltiples incidentes similares: historias de animales —sobre todo gatos y perros— que han alertado a sus familias de un grave peligro, como incendios o fugas de gas. Ya sea ladrando o maullando, dando vueltas, tirando de la ropa de sus dueños o mordiéndolos, nuestros compañeros animales siempre encuentran la manera de comunicarse con nosotros.

Los animales viven el aquí y el ahora, siempre atentos a lo que ocurre a su alrededor. También se toman muy en serio la responsabilidad que tienen con su familia humana. Por eso es imprescindible prestar atención a aquello que intentan decirnos; al fin y al cabo, ¡podrían salvarnos la vida! Creo que existe una especie de retroalimentación entre nuestro propósito y el de los animales, que han llegado a nosotros para ayudarnos; algo que ha quedado de sobra reflejado en las historias de Nancy y Artemis o Ellen y Bogart. Aunque creemos que estamos ayudando a un animal cuando lo adoptamos o lo rescatamos de la calle, si prestamos atención, nos damos cuenta de que en realidad son ellos quienes están cuidando de nosotros.

Lección

No faltan historias increíbles de animales que alertan a las personas del peligro; es innegable que sus instintos son agudos y su intuición, poderosa. No obstante, existen muchas otras formas en que estos seres salvan a los humanos física, emocional, espiritual y mentalmente. Los animales tienen una intuición refinada: perciben lo que sentimos y saben lo que necesitamos en un momento dado, ya sea salir de casa rápidamente o reparar un corazón roto. En realidad, los dones intuitivos y curativos de nuestros amigos peludos son mucho más poderosos de lo que puede parecer a simple vista. Solo tenemos que abrirnos a reconocer y aceptar esos dones, permitir que esa sanación tenga lugar dentro de nosotros.

Esto tampoco significa que debamos descartar nuestros propios dones o capacidades curativas. De hecho, es muy importante reconocer esas habilidades en nosotros para poder apreciarlas en otras personas y en los animales. Sintonizar la conciencia con la sutil comunicación animal, tanto a través del cuerpo como del espíritu, nos permitirá visibilizar oportunidades que, de otro modo, pasaríamos por alto. Es entonces cuando puede producirse una curación mutua, como sucedió entre Nancy y Artemis o Ellen y Bogart, casos en que ambas mujeres acabaron sanando en profundidad. Si aprendemos a reconocer el papel que un compañero animal desempeña en nuestra vida y a desarrollar una relación de confianza mutua, podremos fortalecer esa conexión. Como resultado, abriremos la puerta a que la curación fluctúe en ambas direcciones. Solo tendremos que dejarnos guiar por nuestros compañeros.

Reflexiones

Busca un momento de tu vida en que un animal te haya puesto sobre aviso de un posible peligro físico o te haya reconfortado si sentías dolor.

1. Piensa en una ocasión en la que tu compañero animal te haya ayudado a afrontar el dolor o la desesperación.
2. ¿Alguna vez has sentido que tu mascota intentaba advertirte de un peligro?
3. ¿Cómo respondiste a sus consejos? ¿Cuál fue el resultado?

Ejercicio: alinear los chakras

Tal y como aprendió Nancy, uno de los ejercicios del curso que imparto consiste en equilibrar y alinear los chakras. Introduje el concepto de «chakra» en el capítulo tres. No obstante, a modo de repaso, los chakras son portales de energía situados en distintas partes del cuerpo que actúan como vehículo para asimilar la energía vital universal. Para aquellos que podéis visualizar esta energía, los chakras tienen el aspecto de un cono cuya punta se encuentra al inicio de nuestra columna vertebral.

Todos los chakras poseen una cara frontal y otra posterior: un vórtice que se abre en la parte frontal de nuestro cuerpo, desde la columna vertebral, y otro que se abre detrás de nosotros, también desde la columna.

Cada chakra está asociado a un área específica del cuerpo y rige las funciones de los componentes corporales más cercanos, como los órganos, los huesos, la piel, la sangre y los tejidos musculares. Además de encontrarse relacionados con el cuerpo físico, los chakras también afectan a nuestro estado emocional, mental y espiritual. Por tanto, un chakra desequilibrado podría perjudicar nuestro bienestar mental o emocional, así como la conexión con la madre tierra, nuestra creatividad o nuestras habilidades interpersonales; solo por mencionar parte de la lista.

Los vórtices energéticos se encuentran en un estado de fluctuación constante, y cada uno de ellos se ve afectado por nuestro día a día, así como por la influencia del resto de los chakras. Por tanto, un bloqueo o un desequilibrio en uno de esos vórtices energéticos puede tener un impacto directo en la simbiosis de nuestro sistema de chakras. Puesto que su estado nos afecta a distintos niveles, podemos afirmar que los chakras desempeñan un papel esencial a la hora de desarrollar nuestros dones de comunicación y sanación animal. Si queremos conectar a un nivel profundo con los animales, es importante que limpiemos, equilibremos y mantengamos en buen estado nuestros chakras.

Los siete chakras principales del ser humano son los siguientes: el chakra base, situado al inicio de la espina dorsal; el chakra sacro, en la parte inferior del abdomen, bajo el ombligo; el chakra del plexo solar, rayano en la caja torácica; el del corazón, situado en el centro del pecho; el chakra de la garganta, en el cuello; el chakra del tercer ojo, entre las cejas, y el chakra de la coronilla o séptimo chakra, hospedado en la parte superior de la cabeza. Todos ellos se encuentran a lo largo de la columna vertebral, a la cual también es frecuente referirse como «línea mediana».

Ahora vamos a purificar tus chakras. El ejercicio podemos llevarlo a cabo mediante la visualización o la meditación. Aunque no te sientas preparado para conseguirlo de ninguna de estas maneras, no dejes de intentarlo. Finge si es preciso porque, aun así, percibirás algún beneficio.

1. Busca un lugar tranquilo, lejos de ruidos y distracciones, donde puedas relajarte sin que nadie te moleste.
2. Empieza por tomar una postura adecuada. Descruza los brazos y las piernas, endereza la espalda y ponte cómodo, ya sea tumbado o sentado.
3. Realiza dos respiraciones profundas y purificadoras: inhala por la nariz y exhala por la boca. Mientras tomas aire piensa que estás absorbiendo la energía curativa de la luz blanca universal y que, cuando exhalas, expulsas todas las preocupaciones, temores o dudas que puedas tener.
4. Ahora piensa en una corriente de luz blanca acudiendo a ti que, poco a poco, se introduce en la parte superior de tu cabeza, donde se encuentra situado el séptimo chakra. Después imagina que esa energía va descendiendo por tu cuerpo mientras ilumina cada célula de tu ser.
5. Este haz de luz blanca se abrirá paso por la línea media que se extiende a lo largo de tu columna e irá encontrándose con cada uno de los chakras, que se iluminarán como luces de colores.
6. El chakra de la coronilla se encenderá en tonos violetas; el del tercer ojo, será de color índigo; el de tu garganta, azul; el del corazón, verde; el del plexo solar, amarillo; el del tercer ojo, naranja, y el de la coronilla, rojo.

7. A medida que se iluminan todos los vórtices, piensa que cualquier duda o temor que puedas tener se disipa, que tus portales energéticos recuperan su armonía y vuelven a girar en perfecto equilibrio.
8. Ahora visualiza tu sistema energético como un árbol cuyos frutos resplandecen en distintos colores, todos en perfecta armonía, rebosantes de energía purificada y preparados para ayudarte a entablar la comunicación animal.
9. Siente la certeza de que puedes volver a este mismo punto tantas veces como desees con solo imaginar lo que ahora estás sintiendo.
10. Siente gratitud por haber podido disfrutar de este proceso.
11. Siente el suelo bajo tus pies y efectúa un par de respiraciones profundas antes de recuperar la conciencia.

Repite a menudo este ejercicio para equilibrar y alinear tus chakras. Esto hará que te resulte más fácil comunicarte con los animales y mejorará tus habilidades curativas.

9

Aprender a soltar

«Si tener un alma significa ser capaz de sentir amor,
lealtad y gratitud; entonces, los animales son mejores
que muchos seres humanos».

(James Herriot)

—No lo entiendo —se lamentaba Kelly con la mirada perdida en el césped recién cortado.

No dejaba de darle vueltas al último incidente que había tenido lugar con Mystic, su caballo.

—Sé mejor que nadie lo que es mejor para Mystic, y estoy bastante segura de que él también. Y Greta entrena al equipo olímpico de hípica, así que se supone que también sabe lo que hace —añadió antes de exhalar un profundo suspiro, perdida en sus pensamientos.

Mike, el marido de Kelly, se inclinó sobre la isla de la cocina. Después de casi veinticinco años de matrimonio sabía cuándo debía guardar silencio. Este era uno de esos momentos. Era mejor esperar a que Kelly acabara de desahogarse, de exteriorizar la frustración. «Todavía no —se dijo—. Dale un poco más de tiempo».

—Siempre que está a punto de conseguirlo —continuó su mujer— volvemos a la casilla de salida. Con la cantidad de tiempo y dinero que he invertido, a estas alturas deberíamos estar preparados para competir, pero ni siquiera estamos cerca de lograrlo. ¡Es increíble!

Abatida, se dejó caer sobre uno de los taburetes y aceptó la generosa taza de café que le tendió Mike. La estudió con detenimiento mientras daba pequeños sorbos. Poco a poco, relajó los hombros y suavizó las líneas de expresión. Entonces, Mike supo que era el momento.

—Tal vez deberías probar con otro enfoque —apuntó con suavidad.

Kelly levantó la cabeza con rapidez para mirarlo, sorprendida por el comentario.

—No esperaba que dijeras eso. En realidad, ni tú ni nadie.

Mike se encogió de hombros.

—Sabes que soy imparcial. Hacer lo mismo una y otra vez esperando resultados diferentes es una locura. Es un buen momento para que cambiéis de dinámica, hacer algo que os saque a ti y a Mystic de ese círculo vicioso.

Kelly bajó del taburete, rodeó el cuello de Mike con los brazos y le estrechó contra ella.

—Sabía que hacía bien casándome contigo —dijo riéndose.

Fue entonces cuando Kelly se puso en contacto conmigo. Pasaron dos semanas hasta que pude desplazarme hasta Georgia. Cuando llegué y eché un vistazo quedé impresionada con las instalaciones de la granja. Ella y Mike vivían a las afueras de Atlanta, una zona privilegiada para los caballos, con colinas verdes enmarcadas por vallas blancas de madera y salpicadas de enormes establos. Kelly, que trabajaba como asesora financiera, me había dicho que no escatimaría en gastos con tal de solucionar sus problemas con Mystic. Solo había que ver las cuadras para saber que decía la verdad. Y es que el establo de Mystic era más lujoso que la casa de muchas personas: contaba con todo el tipo de servicios y caprichos que un caballo pudiera necesitar, como la hidroterapia, masajes, productos de acicalamiento o piensos especiales. Si Kelly y Mystic tenían dificultades, no sería debido a la falta de atenciones y cuidados que ella proporcionaba.

No obstante, nada de aquello era relevante para mi trabajo. Yo solo me comunico con los animales y comparto con los clientes lo que de ellos aprendo con esa conexión. En esta ocasión llevaría a cabo la tarea en persona, aunque también habría funcionado a distancia. Una vez forjado el vínculo no importa dónde me encuentre: la comunicación sigue siendo efectiva desde cualquier lugar. De hecho, solo viajé hasta Atlanta por insistencia de Kelly; aunque, una vez allí, me alegré de haber conocido a Mystic.

Bautizado en honor a la canción de Van Morrison, Mystic era un hermoso caballo castrado de color bayo. En cuanto me vio entrar en el establo, el animal se acercó a mí, desesperado por contarme su historia, ansioso por que Kelly lo entendiera. Si bien la comunicación se desarrolla de forma diferente con cada animal, en el caso de Mystic, supe que íbamos a conectar enseguida. El caballo estaba tan frustrado como su dueña, deseando compartir cómo se sentía.

Le acaricié el cuello y Mystic me regaló unos besos en respuesta. Casi al instante, la voz profunda y aterciopelada del animal me llegó. Mystic compartió con avidez cómo vivía antes de conocer a Kelly, sus gustos y aversiones, y, lo más importante, cómo prefería que lo entrenasen. También me dio indicaciones para mejorar la comunicación con la amazona durante los entrenamientos. Hablar con Mystic fue una experiencia mágica y gratificante. Enseguida supe que podría ayudar a ambos.

A los trece años, un caballo de pura raza como Mystic se encuentra en su mejor momento para dominar la doma, la disciplina que había elegido Kelly. No obstante, ninguno de los dos era demasiado joven. Kelly, que ya había cumplido los cincuenta, solo practicaba el adiestramiento desde los cuarenta y cuatro. En doma clásica, seis años resultan insignificantes, ya que se trata de una disciplina muy exigente: puedes haberla practicado durante toda una vida y, aun así, quedarte mucho por aprender.

Es el arte del movimiento, de montar en armonía, lo que conlleva un vínculo entre jinete y caballo. Para algunos, esta disciplina ecuestre es tan delicada y elegante como el balé. El objetivo de la doma consiste en crear una coreografía dirigida por las señales imperceptibles que el jinete envía al caballo. La práctica de esta disciplina ha demostrado ser muy enriquecedora para el desarrollo físico y mental del caballo, así como para la mejora de su capacidad motora. Con el tiempo, el animal adquiere más confianza en sí mismo, además de volverse más agudo, dócil y atento.

Sin embargo, la doma es un deporte muy exigente, no da cabida al error. Por eso, el caballo debe manejar estos tres aires o movimientos con facilidad: el paso de cuatro tiempos, el trote de dos tiempos con suspensión entre cada diagonal y el galope de tres tiempos, también con suspensión. Asegurarnos de que nuestro caballo lleva una vida feliz, así como dominar la práctica de estas marchas es imprescindible si queremos alcanzar un nivel óptimo en la doma.

Además, el jinete debe guardar un perfecto equilibrio sobre la montura; usar su peso, piernas, manos y energía para ayudar al caballo a controlar estos pasos. Aprender doma, pero sobre todo perfeccionarla es un proceso lento que requiere tiempo, además de una confianza plena entre caballo y jinete.

Durante nuestra conversación, Mystic confesó que necesitaba que Kelly lo entrenase en un ambiente más relajado. Me pidió que le transmitiera cómo quería que lo montara; incluso me dio indicaciones sobre la mentalidad que la amazona debía adoptar mientras trabajaban juntos y llegó a definir con exactitud aquello que Kelly debía visualizar mientras hacían los ejercicios.

De inmediato fui consciente del problema. Kelly era una personalidad de tipo A, una exitosa mujer de negocios acostumbrada a conseguir lo que quería cuando quería, por medio del intelecto, sumamente agudo, y una impresionante fuerza de voluntad. Estaba convencida de que el trabajo duro, la disciplina y más trabajo duro eran la clave para sobresalir en la doma. En cambio, Mystic era una personalidad de tipo B —o incluso C, ¡si es que existe!—. Kelly debía aprender a entender las necesidades de Mystic, así como a dejarse llevar, ya que permitir que algunas variantes se escapasen de su control sería la clave para conseguir sus objetivos. En la doma, la asociación emocional entre caballo y jinete es necesaria para un buen resultado; deben encontrar la sintonía perfecta. Si animal y jinete operan de forma opuesta, como era el caso de Kelly y Mystic, no importa lo duro que trabajen ni el empeño que pongan: no lograrán la armonía necesaria para compenetrarse y obtener buenos resultados.

—¿Y bien? ¿Mystic ha… hablado contigo? —El rostro de Kelly estaba ensombrecido por la incertidumbre.

—Sí, hemos hablado desde que entré en el establo.

—Y... lo que te ha dicho... ¿es útil? —quiso saber.

Sonreí.

—Mucho.

Kelly acercó el taburete al mío.

—Cuéntamelo todo.

Cuando le conté a Kelly mi conversación con Mystic, enseguida me di cuenta de que estaba escéptica. ¿Cómo culparla? Vivimos en un mundo dominado por las ciencias, los datos empíricos, los números. Si no se puede probar o verificar, no es cierto. Sin duda, el mundo también funcionaba así para Kelly. Después de todo, era lo que la había conducido a la cumbre de la esfera empresarial. Con todo, no tenía nada que perder. Tal y como había advertido su marido, hacer lo mismo una y otra vez no le daría los resultados que deseaba. Y, lo que era aún peor, el tiempo que pasaba junto a Mystic, que se suponía debía ser divertido, agradable y una forma de relajarse, se había convertido en todo lo contrario: estresante y poco placentero.

Soy la primera en aceptar que no todo el mundo comprende lo que hago o se siente identificado con ello, pero mis experiencias han sido tan profundas, la verdad en ellas tan evidente, que he aprendido a aceptar la comunicación que recibo de los animales. Igual que mis clientes han aprendido a confiar en mí.

Mientras resumía a Kelly mi conversación con Mystic, ella escuchaba con atención, decidida a asumir la información para empezar a hacer algo diferente que pudiera aplicar a los entrenamientos y llegar a competir. Cuando terminé de hablar no pudo evitar soltar una carcajada. «Has descrito a mi marido a la perfección —me dijo—. Soy la típica personalidad de tipo A, mientras que Mike es un hombre fácil de llevar, relajado, lo que, como podrás imaginar, tiene el efecto de crear dinámicas muy interesantes en nuestra relación».

Mike no dijo nada; se limitó a dar un sorbo al café mientras leía el periódico, pero supe que estaba escuchando, asimilando toda la información. Kelly me regaló una amplia sonrisa.

—Lo intentaré.

Durante el vuelo a casa desde Atlanta crucé los dedos para que Kelly encontrara una forma de trabajar con Mystic que les devolviera la alegría y el placer de trabajar juntos.

Aquello no tardó en ocurrir. Al cabo de una semana, Kelly me llamó por teléfono. Estaba exultante. «Es increíble —me dijo—. He de admitir que los primeros días fueron difíciles. Tuve que recordarme varias veces que debía aprender a dejar las cosas fluir. Pensé mucho en lo que habíamos hablado. Además, sentía que Mystic me estaba juzgando, si es que eso tiene sentido».

—Por supuesto que sí —le dije—. La primera vez que nos comunicamos con un animal es común sentir que los roles se invierten.

—Exacto. Pero los últimos días ha sido más fácil —prosiguió, emocionada—. Hoy, mientras seguíamos la rutina de ejercicios, intenté recordar lo que habíamos hablado y... ¡todo pegó un giro de ciento ochenta grados! Mystic y yo nos encontrábamos en perfecta sincronía. Las cosas empezaban a funcionar. No tenía que pensar. Solo relajarme y confiar. Sin duda, es mucho mejor así. No puedo agradecértelo lo suficiente. Ahora quiero pasar más tiempo con él. Tengo la impresión de que la próxima competición será muy diferente a la última.

A lo largo de las semanas siguientes, Kelly continuó contactando conmigo con regularidad para compartir su progreso. Me dijo que, siguiendo las indicaciones del propio Mystic y lo que yo le transmití, el animal se mostraba mucho más relajado; había ganado confianza en sí mismo y su relación había mejorado. Ahora que habían encontrado el equilibrio, ambos eran más felices y podían alcanzar su máximo potencial.

Más interesante si cabe, Kelly me contó que, tras adoptar una actitud más relajada durante los entrenamientos de Mystic, también había abrazado un enfoque más distendido para dirigir su negocio, lo que, para su sorpresa, había resultado ser muy fructífero. Nunca olvidaré la última vez que hablamos de Mystic: lágrimas de pura alegría y orgullo rodaban sin control por las mejillas de la amazona cuando me contaba la gran puntuación que habían obtenido en la prueba de doma.

Eufórica, Kelly se dio cuenta de que, desde que trabajaba con Mystic del modo en que él quería, no solo estaban consiguiendo los resultados deseados, sino que el animal le estaba dando grandes lecciones de vida. Tanto ella como Mystic habían salido ganando y ahora disfrutaban de la recompensa.

Lección

En todas las relaciones existe un compromiso mutuo, momentos en los que debemos ceder, dar en vez de recibir. Los animales no son una excepción a esa norma. Son seres vivos con un espíritu, unas maneras de pensar, una personalidad y unos objetivos propios; algo que debemos tener en cuenta siempre que interactuemos con ellos. Cuando un animal nos invita a probar algo nuevo no es solo en su beneficio, sino también en el nuestro. Ahí es cuando debemos abrir el corazón. Si aceptamos otros puntos de vista y nos mostramos receptivos, podremos crecer y convertirnos en una versión mejor de nosotros mismos. Durante este proceso transformador nos daremos cuenta de que la relación con nuestros amigos animales mejora. Tú y tu amigo peludo ganaréis confianza en vosotros mismos y os sentiréis más seguros sobre cuál es vuestro lugar en el mundo. De hecho, experimentaréis una alegría profunda, inesperada; una intensa euforia cuando os dejéis llevar: al fin y al cabo, el único control que tenemos es aquel sobre nosotros mismos. Y es que cierto placer subyace a rendirse.

Cuando conecté con Mystic, enseguida supe lo que debía decirle a Kelly. El mensaje del animal era sencillo: «Relájate, ¡no estés tan tensa!». Aquello no era lo que Kelly esperaba o deseaba oír, ni tampoco algo fácil de hacer para ella; pero, tras un breve periodo de tiempo, su relación con Mystic mejoró, igual que muchos otros aspectos de su vida. La amazona fue capaz de reconocer la conexión entre esos cambios positivos en su vida y la energía transformadora de su caballo.

Lo que Mystic enseñó a Kelly es una de las lecciones más importantes con la que los animales pueden obsequiarnos. Llevamos vidas ajetreadas, siempre contra reloj, y somos incapaces de bajar el ritmo; todo lo contrario que nuestros compañeros animales. A menudo he reflexionado sobre lo equivocada que resulta la expresión «llevar una vida de perros». El mejor amigo del hombre no tiene mayor preocupación que la de asegurar su próxima comida, disfrutar de un buen paseo o ganarse un premio, y pasa gran parte del día haciendo lo que más le place: comer, dormir y jugar. En vez de limitarnos a enseñar a nuestros animales como si lo supiéramos todo, deberíamos prestar atención a lo que ellos intentan enseñarnos. A menudo estamos estresados durante el tiempo que pasamos con nuestras mascotas; nunca estamos del todo presentes. Los animales quieren que paremos un momento, miremos a nuestro alrededor, reconectemos con nosotros mismos y, como diría Ram Dass, «estemos en el aquí y el ahora»[3]. ¡Podríamos aprender un par de cosas sobre su modo de ver la vida!

Reflexiones

Rememora un momento en que un compañero animal te haya invitado a hacer las cosas de un modo diferente al que tú las hubieras hecho por regla general y que, en consecuencia, un cambio significativo se produjera en tu vida.

1. ¿En algún momento el cuidado o el entrenamiento de un compañero animal te ha acercado de forma inesperada a conseguir tus metas?
2. ¿Mejoró vuestra asociación a raíz de ese acontecimiento?
3. ¿Ha cambiado ese aprendizaje tu manera de ver las cosas?

Ejercicio: leer los chakras

Igual que nosotros, los animales tienen chakras. Este sistema energético les sirve para reajustar cualquier desequilibrio físi-

---

3. Ram Dass, *Be Here Now* (San Cristobal, Nuevo México: Lama Foundation, 1971).

co, mental, emocional o espiritual. Si les ayudamos a reequili-
brar su campo de energía, nuestros amigos peludos vivirán
más felices y podremos descubrir todo aquello que aún no nos
han contado, incluso con mayor eficacia que mediante la comunicación animal. El simple acto de limpiar y equilibrar los
chakras nos proporciona información valiosa sobre los animales y nos ayuda a mejorar la comunicación con ellos. Trabajar
con los chakras de nuestra mascota enriquecerá las vidas de
ambos.

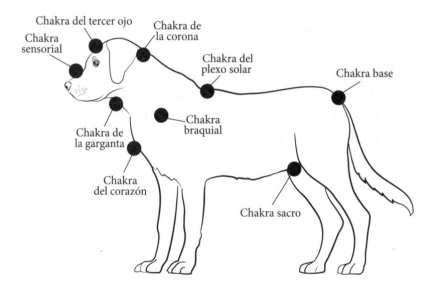

Dependiendo de la escuela de pensamiento que sigamos,
los animales pueden tener uno o dos chakras más que las
personas: el sensorial y el braquial[4]. Yo trabajo los siete

4. Para saber más sobre el chakra sensorial, ver el libro de Diane Stein *Natural
Remedy Book for Dogs and Cats*, 6ª impresión (Freedom, California: Potter/Ten Spe-
ed/Harmony/ Rodale, 2012), 131. Para más información sobre el chakra braquial,
ver el libro de Margrit Coates *Hands-On Healing for Pets: The Animal Lover's Essential Guide to Using Healing Energy* (Random House, 2012).

chakras principales que comparten con nosotros, además del sensorial, que es uno de los vórtices energéticos que a menudo necesita reequilibrarse. Esto se debe a que los animales actúan como esponjas, absorbiendo nuestra energía negativa, y a que con frecuencia se ven obligados a vivir en un entorno poco natural.

Para llevar a cabo este ejercicio nos centraremos en los ocho chakras principales de nuestra mascota: el chakra base, el braquial, el sacro, el plexo solar, el del corazón, el de la garganta, el sensorial, el del tercer ojo y el de la corona. Sus vórtices energéticos son muy similares a los nuestros en cuanto a los órganos y las funciones que abarcan, si bien están más relacionados con la naturaleza animal. Por ejemplo, el chakra sensorial, que es exclusivo de nuestros amigos peludos, gobierna la captación sensorial y la transmisión de la información al cerebro, es decir, actúa como un filtro de los estímulos que los animales reciben a través de los sentidos: la vista, el oído, el olfato y el tacto. Esta es una de las razones por las cuales son más perceptivos que la mayoría de nosotros. El color del chakra sensorial es azul plateado; el del resto de los chakras se corresponde con los nuestros. También es interesante observar que, a diferencia de los seres humanos, los vórtices energéticos de los animales no se distribuyen en línea recta a lo largo de la columna vertebral. Esto se debe a que la mayoría de ellos son cuadrúpedos.

El siguiente ejercicio podemos llevarlo a cabo mediante la visualización o la meditación. Aunque no te sientas preparado para conseguirlo de ninguna de estas maneras, no dejes de intentarlo. Finge si es preciso, porque aun así percibirás algún beneficio. No obstante, antes de trabajar con los chakras de nuestros compañeros animales debemos equilibrar los nuestros: así seremos capaces de ayudar y comprender a nuestra mascota.

1. Busca un lugar tranquilo, lejos de ruidos y distracciones, donde puedas relajarte sin que nadie te moleste.

2. Empieza por tomar una postura adecuada. Descruza los brazos y las piernas, endereza la espalda y ponte cómodo, ya sea tumbado o sentado.

3. Realiza dos respiraciones profundas y purificadoras: inhala por la nariz y exhala por la boca. Mientras tomas aire piensa que estás absorbiendo la energía curativa de la luz blanca universal y que, cuando exhalas, expulsas todas las preocupaciones, temores o dudas que puedas tener.

4. Conecta tu cuerpo con la madre tierra, igual que lo hicimos en el ejercicio del capítulo tres.

5. Ahora piensa en una corriente de luz blanca acudiendo a ti que, poco a poco, se introduce en la parte superior de tu cabeza, donde se encuentra situado el séptimo chakra. Después imagina que esa energía va descendiendo por tu cuerpo mientras ilumina cada célula de tu ser.

6. Este haz de luz blanca se abrirá paso por la línea que se extiende a lo largo de tu columna e irá encontrándose con cada uno de los chakras, que se iluminarán como luces de colores. El chakra de la coronilla brillará en tonos violetas; el del tercer ojo, será de color índigo; el de tu garganta, azul; el del corazón, verde; el del plexo solar, amarillo; el del tercer ojo, naranja, y el de la coronilla, rojo.

7. Ahora, frente a un compañero animal —evócalo si no tienes uno— y mediante la visualización —o la imaginación—, estudia con detenimiento cada uno de sus chakras: el chakra de la corona, el del tercer ojo, el sensorial, el de la garganta, el del corazón, el del plexo solar, el sacro y el base. Fíjate si percibes alguna de estas sensaciones: un desequilibrio o bloqueo, un sentimiento negativo, un mensaje, un color apagado...

8. Sin dejar de visualizar a ese amigo animal, imagina que insuflas en su cuerpo la misma energía curativa de la luz blanca universal con la que has llenado el tuyo. Contempla cómo esa corriente de energía purificada acude a la de tu animal, impregnando lentamente cada célula de su ser mientras ilumina y equilibra todos los chakras como luces de colores. El chakra de la coronilla se encenderá en tonos violetas; el del tercer ojo será de color índigo; el sensorial, azul plateado; el de la garganta, azul; el del corazón, verde; el del plexo solar, amarillo; el sacral, naranja, y el base, rojo.

9. Siente la luz curativa avanzando por el cuerpo del animal y confía en que despejará cualquier bloqueo o energía negativa. Has devuelto el equilibrio a su sistema de chakras, que vuelven a girar en perfecta sintonía, estables y constantes.

10. Tómate un momento para disfrutar del estado de comunión con tu amigo animal y presta atención a cualquier mensaje que deseen comunicarte. Apúntalo mentalmente.

11. Da las gracias por haber podido disfrutar de este proceso.

12. Siente el contacto del suelo bajo tus pies y efectúa un par de respiraciones profundas antes de volver al presente.

Repite a menudo este ejercicio para limpiar y equilibrar a tus amigos animales.

Parte IV

Los animales como sanadores

10

Sanadores peludos

«Quien diga que los perros no saben hablar es porque
nunca se interesó en aprender otro idioma».

(MARK WINIK)

A lo largo de mi vida profesional me he encontrado con numerosos casos en los que los animales han ayudado a sus dueños —y a ellos mismos— en cuestiones relacionadas con la salud. En este terreno, una de las historias más sorprendentes es la de Jamie y Lola.

¿Podría tu perro detectar el cáncer? Es una teoría fascinante de la que no solo están convencidos algunos de mis clientes, sino que también viene respaldada por recientes investigaciones médicas.

«Mi preciosa dóberman, Lola, siempre estaba muy cerca de mí —contaba Jamie—, así que cuando empezó a olfatear con insistencia un lunar que me había salido recientemente no le di mucha importancia».

Unas semanas más tarde, Jamie visitó al dermatólogo para hacerse una revisión rutinaria; algo habitual en ella, ya que tiene una gran cantidad de lunares por todo el cuerpo.

Durante la consulta, el especialista centró la atención en el mismo lunar con el que Lola parecía estar obsesionada. Tras un minucioso estudio, el médico decidió que debía extirparse y realizar una biopsia.

Jamie empezó a hacerse preguntas: ¿era una coincidencia o Lola intuía que algo malo estaba naciendo en ese lugar en particular? Cuando la informaron de que la prueba había determinado la existencia de células cancerosas, Jamie supo la respuesta. De algún modo, Lola fue capaz de detectar el cáncer en su piel. Pero ¿se trataba de algo puntual o sería posible que detectara cualquier otro tumor que Jaime pudiera padecer? No tardó mucho en obtener la respuesta. Unos meses más tarde, Lola volvió a mostrar el mismo comportamiento y, tras una nueva visita al dermatólogo, se repitió el diagnóstico. Ya no tenía duda, Lola sabía distinguir los lunares cancerígenos de los inofensivos. De todas las manchas que salpicaban la piel de Jamie, solo se preocupaba de las malignas e ignoraba el resto. «A mí todos me parecían exactamente iguales —comentaba Jamie—, pero Lola, no sé cómo, conocía la diferencia y sabía distinguir una mancha común de un melanoma. Me propuse prestar mucha más atención si volvía a centrarse en alguna zona concreta de mi piel».

Jamie empezó a dar plena credibilidad a los instintos de su mascota: así conseguía un diagnóstico precoz de la enfermedad. Cuando Lola comenzaba a tener interés por algún lunar, Jamie no dudaba en concertar de inmediato una cita con su médico. «Nunca confesé a mi doctor cómo sabía cuándo debía ir a visitarlo ni por qué conocía el lugar exacto donde él debía examinar; tenía miedo de que pensara que estaba loca —dijo Jamie mientras se reía—. Supongo que pensó que estaba aprendiendo a reconocer los signos de una posible malignidad. Pero yo nunca detecté las zonas problemáticas; siempre fue Lola la encargada de realizar el diagnóstico preliminar. Yo me limitaba a confiar en ella y a reservar una cita con el médico».

Pero el don de Lola ni es imaginario ni exclusivo de ella. En los últimos años, varias investigaciones científicas han demostrado que los perros pueden detectar muchos tipos de cáncer en los seres humanos. Es de sobra conocido que tienen un sentido del olfato extraordinario. Estos animales multiplican por diez mil el número de receptores olfativos de un ser humano. Podría decirse que tienen un chakra sensorial y un sentido del olfato muy evolucionado; son capaces de percibir olores muy sutiles que nosotros, los humanos, no podemos distinguir[5].

Entonces, ¿hasta qué punto podrían nuestras mascotas detectar un cáncer? Investigadores de BioScentDX han realizado un estudio para tratar de dar una respuesta a esta pregunta. En el proyecto entrenaron a cuatro *beagles* para distinguir el suero sanguíneo de una persona sana del de otra que padecía cáncer de pulmón. A pesar de que uno de ellos no estuvo muy dispuesto a participar, los otros tres identificaron de modo correcto las muestras de cáncer de pulmón, con un porcentaje asombroso de aciertos cercano al 97 %.

Los científicos creen que esta extraordinaria habilidad canina podría abrir nuevos caminos hacia métodos de detección de cáncer menos invasivos y, al mismo tiempo, más económicos y precisos. Una de esas nuevas vías podría consistir en utilizar la extremada sensibilidad olfativa de nuestros animales como sistema de barrido, y otra en determinar los compuestos biológicos que son capaces de captar. Una vez identificados, se

---

5. Heather Junqueira *et al.*, «Accuracy of Canine Scent Detection of Lung Cancer in Blood Serum», *The FASEB Journal* 33, n.º S1 (2019): 635.10–635.10, https://doi.org/10.1096/fasebj.2019.33.1_supplement.635.10.

basaría en ellos el diseño de pruebas fiables, y con suerte baratas, para el diagnóstico precoz de esta enfermedad.

Jamie confió en Lola para diagnosticar los melanomas hasta el día en que falleció su perra. Durante todo ese tiempo, Lola consiguió un auténtico récord: localizar el cien por cien de los lunares cancerígenos en la piel de Jamie. Gracias a Lola tuvo la oportunidad de tratar a tiempo aquellos tumores y sabe que durante toda la vida tendrá que prestar mucha atención a la enfermedad.

Pero esta historia fascinante no acaba aquí. Al contrario, se vuelve aún más interesante. Porque, después de que Lola abandonara la tierra para adentrarse en el mundo de los espíritus, siguió protegiendo la salud de Jamie. Hoy por hoy continúa localizando los lunares problemáticos que puedan aparecer, pero ahora de modo telepático, en las sesiones que hacemos juntas las tres.

El proceso es muy sencillo, a la vez que mágico. Durante las sesiones, Jamie señala el lugar donde ha aparecido un nuevo lunar; a continuación, me pide que pregunte al espíritu de Lola si es canceroso. Ella no se hace esperar, siempre responde rápida, con un sí o un no, y yo le transmito la información a Jamie.

¿Que si funciona? «¡Es increíble! —exclamaba Jamie—. Con la respuesta que Lola me proporciona a través de Lynn, acudo al especialista y, tal y como ocurría cuando la tenía de forma corpórea, Lola sigue marcando los lunares malignos con una precisión absoluta. —No puede dejar de sonreír antes de continuar—: Seguro que el dermatólogo se pregunta cómo puedo saber cuáles, de los muchos lunares que tengo, son los que necesitan un tratamiento. No creo que esté preparado para escuchar que una perra es mi detector personal de cáncer ¡Incluso desde el más allá!».

Las implicaciones a largo plazo son potencialmente enormes. Aunque no exista una cura total para el cáncer, sabemos que el diagnóstico temprano aumenta a gran escala la supervivencia. Por tanto, utilizar un método tan sensible podría salvar miles de vidas. Los perros serán una pieza angular en este reto. ¡Gracias, Lola!

Además, los animales no solo cuidan la salud de su familia humana, también pueden ayudarse a sí mismos y a otros animales con los que estén en contacto. Hace unos años, trabajé con una perrita adorable, una *whippet* de dos años llamada Ocean que había dejado de comer. Se moría de desnutrición ante los ojos atónitos de sus dueños, Weny y Tracy.

Por supuesto, acudieron a la consulta de un veterinario donde le practicaron varias pruebas clínicas que, sin embargo, no fueron concluyentes: el doctor no encontraba el origen del problema y los remitió al hospital veterinario de la Universidad de Guelph en Ontario (Canadá).

El hospital disponía de un equipamiento clínico muy avanzado. A Ocean le realizaron un estudio pormenorizado y un sinfín de pruebas y analíticas. A pesar de ello, los resultados tampoco fueron concluyentes. Wendy, Tracy e incluso el propio veterinario asistían desconcertados al empeoramiento de Ocean sin saber qué hacer.

Fue entonces cuando los dueños de Ocean, desconsolados, me pidieron ayuda. Wendy estaba familiarizada con la comunicación animal y tenía la esperanza de que, con mi ayuda, su propia mascota arrojara un poco de luz sobre el mal que padecía.

La pareja me explicó por teléfono la situación y, al día siguiente, concertamos un encuentro para que pudiera comunicarme con Ocean. A lo largo de mi experiencia en la comunicación animal he comprobado que, en muchas ocasiones, comparten con nosotros ideas insospechadas, pero aun así me sorprendió que lo primero que Ocean dijo al empezar la sesión fue: «Es el duodeno».

El tono de voz era tan suave y apacible que me pareció haberlo imaginado. Pero insistía, repitiendo siempre lo mismo: «Es el duodeno». Estaba claro que no era necesario continuar preguntando. Ella estaba segura de que era un problema en el duodeno, así que ¿quién era yo para discutir?

¡No podía creer que me estuviera dando una información tan concreta! Para ser sincera, ¡yo ni siquiera tenía claro lo que era el duodeno! Sabía que formaba parte del sistema digestivo, pero desconocía la función que tenía o dónde se encontraba con exactitud. Nunca ningún otro animal había descrito su problema con tanta precisión y seguridad. Lo habitual era que señalaran o nombraran la zona del cuerpo que les causaba problemas, pero no el órgano específico. No obstante, lo sorprendente es casi lo normal en mi trabajo, así que le transmití la información a Wendy. Ella era enfermera y sabía muy bien de qué se trataba. Me explicó que es una parte del intestino delgado situada al final del estómago que recibe los alimentos ya en parte digeridos por este. La información que ahora tenía era el primer paso para la curación de su querida perra.

A la semana siguiente, Wendy y Tracy acudieron de nuevo al hospital veterinario. Sabían que haciendo una endoscopia podrían confirmar el dato que Ocean les había proporcionado con mi ayuda; pero, al ser una prueba invasiva, los veterinarios optaron primero por administrar estimulantes para el apetito. Tras unos días de tratamiento no observaron ningún cambio. La perrita no respondía a los fármacos. En la siguiente visita por fin se realizó una endoscopia que reveló que el problema de Ocean estaba, en efecto, en el duodeno. ¡Imagínate la sorpresa del veterinario! Ahora que habían descubierto lo que nosotros ya sabíamos, iniciaron el tratamiento adecuado para la curación de Ocean. Wendy no tiene la más mínima duda de que su mascota sigue viva gracias a la información que compartió conmigo.

Hasta que eso ocurrió, y a pesar de todas las atenciones médicas que había recibido Ocean, nadie había sido capaz de diagnosticar la enfermedad que sufría. Poder comunicarme con Ocean para que nos informara sobre cuál era la situación de un modo tan rotundo, además de salvarle la vida, fue una muestra de su sabiduría. Nunca sugeriría que la comunicación con los animales pueda sustituir la atención veterinaria, pero tampoco me cabe duda de que en muchas ocasiones ambas medidas pueden complementarse.

La historia de cómo Ocean se ayudó a sí misma comunicando el origen de la enfermedad que padecía no tiene un aval científico que la respalde como ocurre en el caso de Lola. Sin embargo, la endoscopia que se realizó es una prueba de la autenticidad del relato. Ocean tenía en el duodeno una bacteria, atípica en los perros pero bastante común en los humanos. Con medicación y dieta a base de canguro, entre otras cosas, se pudo resolver el problema.

Lola y Ocean son dos ejemplos de la sabiduría y la sanación que los animales pueden transmitirnos. La comunicación con los animales puede tender puentes entre el conocimiento de los humanos y la sabiduría de los animales. Con estos dos elementos trabajando juntos obtendremos resultados mucho mejores. Teniendo esta posibilidad al alcance de la mano, ¿por qué no íbamos a querer utilizarla?

Lección

Los animales tienen una capacidad inmensa, mucho mayor de la que pensamos, para reconfortarnos, consolarnos o comprender nuestro estado de ánimo. Cuando estamos enfermos, tristes o disgustados, lo perciben y permanecen junto a nosotros intentando hacer que nos sintamos mejor. Ellos saben lo que necesitamos y en qué momento; pero, además, como en el caso de Ocean, también son conscientes de lo que les hace falta a ellos mismos. Basta con darles la oportunidad de compartir con nosotros todo ese conocimiento, de escuchar lo que tienen que decir.

Estos amigos maravillosos nos guían siempre hacia la sanación, incluso cuando no somos conscientes de ello. Nos ayudan en la recuperación de la salud, ya sea física, emocional o mental, siempre que estemos dispuestos a aceptar lo que nos ofrecen. Si somos receptivos al amor sin reservas y a la entrega que los animales nos regalan, entonces estamos preparados para recibir esa cura que nos hace falta. Para algunas personas es necesario ser testigo de un acontecimiento inapelable para que sus corazones rompan las barreras y se abran, dispuestos a aceptar los dones que ponen a nuestro alcance.

En el caso de Jamie, aunque en un principio le costó aceptarlo, aprovechó la ayuda de Lola para tener bajo control la enfermedad de piel que padece. Cada día da las gracias por ello. Tenemos que prestar atención a las reacciones, en apariencia insignificantes, que tienen los animales que nos rodean, porque pueden terminar siendo vitales para nosotros.

Wendy y Tracy, después de la experiencia vivida con Ocean, abrieron la mente y el corazón al mundo de la comunicación animal. La plena confianza que ahora tienen en la cualidad de un animal para curarse a sí mismo y ayudar a los demás les abre el camino para beneficiarse de sanaciones que podrían cambiar el curso de su vida.

Reflexiones

Busca en la memoria alguna experiencia en la que percibieras que un animal te ayudaba a superar alguna enfermedad o problema físico.

1. ¿Alguna vez una mascota ha mostrado contigo un interés mayor del habitual mientras has estado enfermo?
2. ¿Cómo exteriorizó esa interacción contigo?
3. ¿Cómo te afectó y qué sentiste después?

Ejercicio: abrirse a la sanación que nos regalan los animales

Abrirse a la curación de un animal de compañía y poder beneficiarnos de ella exige trabajar nuestra percepción, estar atentos a las señales, aprender a escuchar y, algo muy importante, permitir que la curación fluya hacia nosotros en lugar de alejarla.

Hace más de veinticinco años, cuando hacíamos un taller en casa de Penelope Smith, en el condado de Marin, California, Jiggs, mi labrador —que ahora ya no es visible a mis ojos, pero que era bastante joven en ese momento—, me enseñó una técnica para ayudarnos a recibir información, energía y sanación de los animales mediante la telepatía. Esta misma técnica también puede aplicarse en sentido contrario, es decir, para enviarles a ellos esos mismos elementos. Bauticé este método como la «pirámide telepática de Jiggs» y la he estado enseñando a mis estudiantes durante todos estos años. La llamé así porque, cuando Jiggs me habló de ella la primera vez, lo que me mostró fue una pirámide púrpura con un círculo blanco dentro de ella. Me explicó que cada vértice representaba un chakra involucrado en el proceso: el chakra del corazón —en la zona donde se encuentra este órgano, pero en la línea media del cuerpo—; el chakra del tercer ojo —en la frente— y el chakra del corazón del animal —situado en la parte delantera del pecho—. Cuando le pregunté por el círculo blanco del centro me contestó que simbolizaba el «canal» por el que viajaba la información. El chakra del corazón es el centro del amor incondicional y el chakra del tercer ojo, el del mundo interior y la intuición.

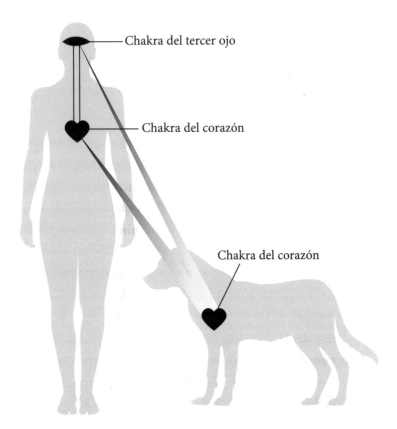

Chakra del tercer ojo

Chakra del corazón

Chakra del corazón

Como en otras ocasiones, en este ejercicio comenzarás repitiendo algunos pasos que ya conoces —enraizamiento, aquietamiento de la mente y apertura del corazón—. Después repasa los aspectos de tu vida que deseas sanar. Pueden ser de naturaleza física, emocional, mental o espiritual. Anótalos mentalmente.

1. Busca un lugar tranquilo, lejos de ruidos y distracciones, donde puedas relajarte sin que nadie te moleste.
2. Empieza por tomar una postura adecuada. Descruza los brazos y las piernas, endereza la espalda y ponte cómodo, ya sea tumbado o sentado.
3. Realiza dos respiraciones profundas y purificadoras: inhala por la nariz y exhala por la boca. Mientras tomas aire piensa que estás absorbiendo la energía curativa de la luz blanca universal y que, cuando exhalas, expulsas todas las preocupaciones, temores o dudas que puedas tener.
4. Ahora piensa en una corriente de luz blanca viniendo hacia ti y que, poco a poco, se introduce en la parte superior de tu cabeza, donde se encuentra situado el séptimo chakra. Después imagina que esa energía va descendiendo por tu cuerpo e iluminando cada célula de tu ser.
5. A continuación visualiza esa energía universal saliendo de las plantas de tus pies, así como de la base de tu coxis.
6. Imagina la luz atravesando el suelo y los pisos inferiores, desde donde seguirá expandiéndose hasta conectarte con lo más profundo de la madre tierra.
7. Pon la atención en el centro de tu corazón —el cuarto de los siete chakras, a la altura del esternón—. Piensa

en dos pequeñas puertas francesas de unos quince centímetros de altura en ese punto y que puedes abrir a tu voluntad.

8. Visualízate abriendo esas puertas, igual que lo haces con las ventanas de casa en un día cálido y soleado. Disfruta de la brisa reconfortante y de la luz del sol. Da las gracias por ello.

9. Abre tu corazón a cualquier conocimiento que, bajo formas diferentes, pueda llegar a ti y sea en beneficio propio, de tus mascotas o de cualquier otro ser.

10. Ten la convicción de que, con solo hacer este ejercicio, tu corazón se ha abierto para recibir las indicaciones de tus compañeros animales.

11. Observa qué sientes en este momento física, emocional y mentalmente.

12. Ahora imagina un tubo por el que envías información a los animales y la recibes de ellos. Después visualiza una pirámide cuyos vértices sean tus chakras del tercer ojo y del corazón, y el chakra del corazón del animal. Continúa representando en la mente cómo el tubo por donde viaja la información está conectado a los chakras que forman los vértices de la pirámide. Esto es lo que yo llamo la «pirámide telepática de Jiggs». En realidad es un canal por el que viajan la información, la energía y la curación. Algo muy parecido a una línea telefónica invisible.

13. Ten la certeza de que, con solo hacer este ejercicio, tu vía de comunicación estará abierta para dejar paso a la información que puedas enviar o recibir. Puede ocurrir que, cuando este canal de comunicación no se haya usado durante mucho tiempo, tengas que hacer un es-

fuerzo por despejarlo. Si es necesario, tómate el tiempo que necesites para visualizar su limpieza y apertura.

14. Familiarízate con este nuevo entorno y relájate. Comprueba si surge alguna información o comunicación. Es normal que no percibas nada de inmediato, ten en cuenta que es un nuevo marco que debes explorar.
15. Ten la seguridad de que podrás volver a este lugar solo con recordar cómo te sientes en este momento.
16. Da las gracias por este proceso.
17. Siente el contacto del suelo bajo los pies, haz un par de respiraciones profundas y vuelve al presente.

No olvides repetir este ejercicio a menudo para recibir la curación de tus amigos animales.

xɔ
cɪɪɔ
up
a
la

11

Un rayo de esperanza

«Hasta que no hayas amado a un animal,
una parte de tu alma permanecerá dormida».

(ANATOLE FRANCE)

Megan, desesperada y abatida, se sentó con las piernas cruzadas en medio del salón, completamente sola. Las lágrimas le corrían por el rostro y continuaban su camino hasta el frasco de pastillas con la etiqueta emborronada que sostenía con manos temblorosas. ¿Cómo había llegado a este punto? ¿Así era como iba a acabar su vida?

Lo que parecía ser un nuevo comienzo, una oportunidad para alcanzar un destino mejor, se convirtió en una pesadilla de la que no lograba despertar. Hiciera lo que hiciese no conseguía dejar atrás la parte oscura y vergonzosa de su vida repleta de adicciones. Nunca había coqueteado con la idea del suicidio, pero ahora no veía otra salida. Su vida estaba totalmente descontrolada y no tenía fuerzas para reconducirla. Pensaba que todos estarían mejor sin ella, que nadie la echaría de menos. No tenía amigos y su familia no podía estar siempre cargando con sus problemas. Estaba convencida de que el suicidio era la única opción, la forma más sencilla de librarse de su desdicha y de la de todos los demás.

La idea le rondaba en la cabeza desde hacía varias semanas, iba y venía. Pero hoy era el día. Megan estaba decidida y nada ni nadie iba a detenerla. Solo tenía veinticinco años, pero había vivido muchas cosas, la mayoría de ellas desagradables. Tal vez no fuera el planteamiento más sensato, pero, consumida por la depresión, no podía escapar de la oscuridad del pozo en el que había caído.

Megan se desplomó en el suelo y se cubrió los ojos con el brazo con que sostenía el frasco de pastillas. Entonces sintió un pequeño tirón en el borde de la camisa. Al principio lo pasó por alto, pero, la segunda vez, la sacudida fue más fuerte. Abrió los ojos y se encontró con una carita felina observándola de cerca. Fue el momento que cambió su vida para siempre.

Megan había llegado a Miami Beach desde Washington con la idea de pasar página de un pasado salpicado de problemas con las drogas. Trabajar como gerente del mayor club nocturno de la ciudad había tenido, sin duda, sus ventajas, pero también muchos inconvenientes. El ambiente nocturno, las malas influencias, el alcohol y las drogas terminaron ganando la batalla a Megan, que apenas tenía veinte años. Mudarse a otra ciudad era la solución ideal para empezar una vida mejor.

Sin embargo, las malas costumbres nos seguirán allá donde vayamos si no las hemos abandonado. No importa si cambias de trabajo, de domicilio o de ciudad; si lo buscas, lo encuentras. Se calcula que en Estados Unidos mueren más de ochenta mil personas al año por causas relacionadas con el abuso del alcohol, y casi otras tantas con el consumo de las drogas. Trabajando en un club nocturno, Megan conocía de primera mano estas estadísticas, pero nunca pensó que formaría parte de ellas.

Es probable que Miami Beach no fuera la mejor opción para intentar salir de aquella espiral destructiva. Aunque no se daba cuenta, el sol, la arena y el constante ambiente festivo dificultaban su recuperación.

Consiguió trabajo en un estudio de tatuajes. Pero empezó a tener problemas cuando dejó de ir a trabajar con regularidad. A nadie le gusta que sus empleados abandonen con frecuencia el puesto de trabajo. Y es que Megan, a medida que pasaban los días, tenía menos ganas de hacer nada y muchas menos de trabajar.

Era consciente de que tenía un problema. Había acudido a psiquiatras, especialistas en adicciones, consejeros…, de todo; pero no conseguía abandonar aquel mundo. Llevaba cinco años luchando contra esa dependencia y, aunque para otras personas el camino puede ser más largo, ella ya no podía más. En lugar de disfrutar de la vida atravesaba un auténtico infierno.

Para empeorar las cosas, Megan sufría una enfermedad congénita que la obligaba a medicarse a diario. Desde que estaba en Miami supervisada por un nuevo doctor, el fármaco que tomaba, a pesar de ser tan familiar para ella, no le sentaba bien. Un problema más en el peor momento.

Megan sufría hiperplasia suprarrenal congénita, un trastorno endocrino heredado que afecta a la actividad de las glándulas suprarrenales, responsables de la producción de hormonas esenciales para la vida. Como consecuencia, se produce un déficit de estas hormonas, entre ellas el cortisol, encargado de regular la respuesta del cuerpo ante el estrés y las enfermedades o las lesiones. La medicación necesaria para tratar esta enfermedad son los esteroides, que, como todos los medicamentos, tienen su propia lista de posibles efectos secundarios.

Por suerte para Megan, en su caso, era suficiente con to-mar una dosis de 0,25 mg de cortisona al día para mantener a raya la enfermedad.

Hay que pensar que un desequilibrio hormonal tiene efec-tos negativos en todo el organismo; si a esto le añadimos un problema de adicciones, el resultado puede ser desastroso. Y eso era por lo que estaba pasando Megan. El doctor que la trataba en Miami cometió un error al prescribir la dosis: le recetaron 2,5 mg al día en lugar de los 0,25 mg habituales, nada menos que diez veces más de la dosis correcta. Megan no se dio cuenta del error de inmediato, lo único que sabía era que se encontraba fatal: siempre cansada, incapaz de pensar con claridad, atenazada por el miedo y la paranoia. Sencilla-mente, se estaba volviendo loca.

Megan era hábil ocultando sus problemas y daba una imagen de aparente normalidad. No había tenido tiempo para hacer muchos amigos en Miami Beach, pero los pocos que tenía nunca hubieran imaginado que era una adicta o que estaba pasando por una depresión. Tampoco lo sabían sus familiares o los amigos que había dejado atrás. Ni siquiera el médico que ahora la trataba se daba cuenta de los proble-mas de Megan. Vestía con un estilo clásico y no mostraba ningún signo típico de las enfermedades que padecía. Du-rante un tiempo, Megan incluso se engañó a sí misma: huía de la realidad, incapaz de hacerle frente. Cuando, con el tiempo, todo se supo, la sorpresa para sus allegados fue ma-yúscula.

Pero, de pronto, en medio de toda esa oscuridad, tristeza y deterioro surgió un destello de luz con forma de *rottweiler*: el perro de un vecino. Una mañana, Megan permanecía de pie, en la puerta de su casa tratando de reunir las fuerzas necesarias para ir a trabajar. Entonces el *rottweiler* se acercó, dejó algo a los pies de Megan y se fue tan rápido como había llegado.

Ella se agachó para ver de cerca de qué se trataba y descubrió a unos gatitos de muy corta edad. Sorprendida, miró a su alrededor buscando cualquier cosa que pudiera explicar la procedencia de los cachorros, pero hasta el perro había salido corriendo como si ya hubiese hecho la buena acción del día.

Sin lograr entender cómo había sucedido aquello, Megan volvió la vista hacia las indefensas criaturas. Eran recién nacidos: aún tenían los ojos cerrados y no se habían desprendido del cordón umbilical. De inmediato se sintió conmovida.

¿Los habrían abandonado?

Megan los recogió del suelo y entró en casa. Buscó un rincón cálido y una manta sobre la que pudieran sentirse cómodos. El sonido de los maullidos, tan dulce como melancólico, hizo que sintiera la necesidad de ayudarlos. Salió a la calle en busca de la madre de aquellos gatitos, pero fue inútil. Cuando regresaba a casa ya sabía que tendría que ser ella quien los cuidara. La necesitaban y no podía abandonarlos. Después de comprobar que seguían con vida salió de nuevo, esta vez en busca de una tienda de animales. Allí compró un biberón y leche maternizada para gatitos.

No tardó mucho en descubrir que alimentar a unos cachorritos recién nacidos era un trabajo duro. Pero, a pesar de ser exigentes, consiguieron que la vida de Megan tuviera un sentido. Se sentía como una madre cuidando de su bebé: se levantaba en mitad de la noche y se aseguraba, siempre que tenía ocasión, de que tuviesen el calor y la comodidad que necesitaban. En pocos días se habían adueñado de su corazón.

Megan bautizó a un gatito con el nombre de Tinny Man. Era una pequeña bolita peluda de color negro; le costaba crecer pero adoraba que lo abrazaran y le dieran mimos. Al otro, una hembra atigrada de color gris, la llamó Kitty. Crecía con rapidez. Durante las primeras semanas, Megan podía jurar que, cada vez que volvía a casa de trabajar, había crecido un poco. Tinny Man, sin embargo, se desarrollaba con dificultad, como lo haría un bebé prematuro, pero lo compensaba con un carácter maravilloso.

Puede que Megan no pudiera suplir del todo a la madre natural de los cachorros, pero se esforzaba todo lo que podía. Jugaba con ellos, los alimentaba y los mantenía limpios, sobre todo después de darles el biberón, porque siempre terminaban salpicados de leche; algo inevitable cuando se trata de dos cachorritos revoltosos que reclaman atención. Estaba satisfecha consigo misma: los había mantenido con vida y proporcionado un hogar. Con esas caritas adorables parecían darle las gracias, pero toda esa experiencia estaba siendo beneficiosa también para Megan, tal y como ella misma reconoció más adelante al echar la vista atrás.

A pesar de todo, las semanas iban transcurriendo y el deterioro físico y mental producido por el alcohol, las drogas y el error en la dosis de la medicación eclipsaron todos los progresos que la compañía de sus nuevos amigos había logrado. Megan continuaba acudiendo al psicólogo, un especialista en el campo de las adicciones. Pero la automedicación o el consumo de otras sustancias no son una vía de escape adecuada, solo sirven para empeorar las cosas, y en efecto llegó un momento en el que Megan dejó de comer, de dormir; en definitiva, de poder vivir.

Allí, en aquella noche fatídica, tumbada en el suelo y aferrada al frasco de pastillas, fue consciente de que había tocado fondo. Había perdido, iba a tirar la toalla, no había opción. Estaba tan hundida en las tinieblas que no podía ver ningún atisbo de luz.

Fue en ese momento cuando intervinieron los gatitos, enviando un destello de esperanza hasta los rincones más sombríos de la mente de Megan. Lo hacían mordisqueando o arañando su ropa, tirando de la tela con toda la fuerza que podían y gritándole con unos maullidos que salían de aquellos dos pequeños corazones.

—¡Fuera! —graznó Megan, ahogada en lágrimas, pero ellos desobedecieron limitándose a tirar con más ganas aún.

Lo único que Megan quería era que la dejaran en paz, para abandonar este mundo y dejar atrás los pensamientos insensatos que la atormentaban. Estaba cansada del coqueteo con las drogas, cansada de la inestabilidad que reinaba en su mente, y sobre todo cansada de estar cansada. Estaba agotada por completo.

A pesar de ello, tirada en el suelo aún pudo darse cuenta de lo que Tinny Man y Kitty intentaban decirle. Querían que viviera. Megan se había prometido a sí misma que nunca los abandonaría, ¿y no era eso lo que estaba a punto de hacer? ¿Quién cuidaría de ellos si se quitaba la vida? La necesitaban. La claridad del mensaje llegó hasta Megan y la invadió como una ola. Fue un momento extraño pero iluminador en el que se vio desde la perspectiva de otra persona. Su vida tenía sentido, un propósito; solo necesitaba descubrirlo. Los gatitos confiaban en ella, dependían de ella, era obvio que intentaban decirle que se quedara a su lado.

Megan se sentó, respiró hondo y lanzó el frasco de pastillas lo más lejos que pudo. En cuanto lo hizo, los dos cachorros se encaramaron sobre su regazo y entraron en un sueño tranquilo. Su mensaje era claro: «¡No lo hagas! Te necesitamos». Por eso, en cuanto intuyeron que Megan desistía de aquella locura, pasaron de maullar de ese modo tan estridente a acurrucarse y dormir en su regazo. «Es como si el esfuerzo para salvarme la vida les hubiese agotado», pensó Megan.

Ese fue el punto de inflexión que le dio una segunda oportunidad, que le permitió seguir adelante. Empezó a ver y sentir de otro modo y trazó un plan de vida. No fue fácil, pero tras unos meses y mucho trabajo, los cambios eran evidentes. Recuperó la salud, pues había luchado con una fuerza inquebrantable para superar las adicciones. Con ayuda y esfuerzo por fin consiguió encauzar su vida.

Megan está segura de que tomar la firme decisión de cambiar distintos aspectos de la vida es el catalizador que necesitamos, en muchas ocasiones, para dar un nuevo rumbo a nuestra existencia. Eso no significa que no debamos buscar ayuda en profesionales o que nos lancemos al rescate de animales en lugar de ir a terapia. Los psicólogos, psiquiatras y la medicación que estos nos prescriban son indispensables. Pero, de igual modo, también la terapia con los animales tiene el mismo objetivo: el bienestar y la salud de las personas. Nuestras mascotas nos aman y conectan con nosotros cuando más lo necesitamos.

Cuando Megan se sintió más segura hizo un viaje a la selva de Costa Rica. Allí permaneció durante un año. «Si vas a cambiar, ¿por qué no hacerlo a lo grande?», se dijo a sí misma. Dejó los gatos al cuidado de una amiga y aprovechó ese año para restablecer del todo la salud. Aprendió meditación, herboristería y otros remedios de curación... Todas esas cosas que nunca creyó necesarias, pero que ahora sabía que necesitaba.

Cuando Megan regresó a Estados Unidos se trasladó a Washington para estar cerca de su familia y amigos; por supuesto, los gatitos la acompañaron. En la actualidad, Megan es una herborista reconocida; cultiva y recolecta plantas medicinales para uso terapéutico y las ofrece a los vecinos de forma gratuita. También dedica parte de su tiempo al rescate de animales. Acoge gatos en su propia casa, a los que esteriliza antes de encontrarles un hogar. Además de los que tiene en acogida, en la actualidad tiene cinco gatos propios, sin olvidar los perros que a lo largo de estos años también ha acogido en casa. Todo este trabajo con los animales le aporta una gran alegría, similar a la que recibió hace años cuando se cruzó con esos dos pequeños cachorritos felinos, y quiere devolver todo lo que pueda de ese mismo sentimiento.

Cuando Megan recuerda lo vivido junto a ellos, no tiene ninguna duda de que una fuerza divina fue la responsable de que el *rottweiler* dejara aquellos gatitos a sus pies. Podría haber elegido a cualquier otra persona, pero de alguna manera sabía que Megan era la adecuada, porque los necesitaba tanto como los cachorritos a ella.

La conexión entre Megan, Tinny Man y Kitty era muy firme; eran almas gemelas. Megan cree que los animales tienen un instinto especial con ciertas personas. Cuando estaba enferma o no se sentía bien, Tinny Man y Kitty acudían a consolarla. Si tenía fiebre, se agazapaban al lado de la cabeza de Megan y le acicalaban la frente. Si estaba triste o un poco deprimida, no tardaban en animarla. Siempre sabían cómo se sentía y qué debían hacer para remediarlo.

Kitty vivió con ella durante veintiún años. Megan aún tiene sus cenizas sobre la chimenea. Tinny Man, que siempre fue pequeño, solo vivió hasta los cinco años. Cuando murió, Kitty y Megan se sintieron desoladas. Ahora, visto en perspectiva, Megan no puede dejar de pensar que Tinny, a pesar de lo corta que fue su vida, ya había cumplido su propósito en la tierra. Estuvo aquí por una razón y por el tiempo que necesitó para completarla. Eso fue más que suficiente.

Lección

Los animales nos ofrecen energía sanadora y apoyo en situaciones de estrés, dolor o enfermedad. Con gestos sutiles y estímulos reconfortantes nos recuerdan que la vida transciende el sufrimiento, que podemos superar los malos momentos con su ayuda. La energía curativa de los animales puede ayudarnos de distintas maneras. Nuestros amigos peludos nos demuestran que ellos y el universo nos protegen, que nuestras heridas se curarán si les permitimos que pongan remedio. Están aquí para cumplir su misión.

El auxilio que los dos pequeños gatitos proporcionaron a Megan le dio la oportunidad de tener una vida mejor. Eran seres delicados, con poca fuerza física, pero no pudo pasar por alto el empeño que pusieron en salvarla. Demostraron como tantos otros que no debemos subestimar el poder de estos compañeros. Frente a animales tan pequeños a los humanos nos puede resultar natural sentirnos superiores. A veces ni siquiera ser conscientes de su existencia. Megan, sin embargo, contempló la sabiduría y el poder que le estaban ofreciendo y lo aprovechó para mejorar su vida.

En el camino que tenemos que recorrer sobre la tierra, a veces tenemos que atravesar pruebas muy duras para después salir reforzados. Somos una obra inacabada; nuestro aprendizaje en la vida no tiene fin. Los que nos necesitan nos obligan a darle otro enfoque, a tener una nueva perspectiva en la que, por muy mal que estén las cosas, siempre hay un atisbo de esperanza.

Reflexiones

Recuerda algún momento en el que un compañero animal estuviera contigo, en sintonía con tu malestar mental o emocional e hiciera todo lo posible por intentar curarte.

1. ¿Has sentido alguna vez que el único ser que de verdad comprendía la tristeza y el desasosiego que te afligían era tu mascota?
2. ¿Te reconfortó de alguna manera ese sentimiento de ser comprendido?
3. ¿Qué hizo tu compañero animal para demostrar esta empatía y cómo respondiste tú?

Ejercicio: abrir los canales

En la vida hay momentos difíciles en los que el sufrimiento nos impide ver más allá del dolor que sentimos. Es algo comprensible si tenemos en cuenta que los problemas a los que nos enfrentamos nos abruman y bloquean los campos energéticos que necesitamos para comunicarnos con los animales, entre otras cosas.

Sin embargo, si limpiamos nuestra energía, enseguida nos daremos cuenta de que estamos dotados de dones espirituales a los que podemos recurrir. Nos daremos cuenta de que se nos han dado muchos dones espirituales que podemos utilizar; algunos sentidos psíquicos que llamaremos las «claridades» son un ejemplo de ello.

Son canales para cualquier tipo de comunicación en la que no utilizamos los sentidos y que llevamos a cabo con el reino de los espíritus, nuestros guías y ayudantes, los animales o los seres queridos del otro lado. Las cuatro claridades principales son la claricognición, que es saber con claridad; la clarividencia o la sensación de ver con claridad; la clariaudiencia, es decir, oír con claridad, y el clarisentimiento, que es el sentimiento claro. Son dones a los que cada uno de nosotros tiene acceso, sin embargo, abrirlos suele requerir cierto esfuerzo.

Una persona con el don del clarisentimiento puede que se describa a sí misma como alguien empático, ya que es capaz de saber cómo se sienten los demás, tanto física como emocionalmente. Las personas con clariaudiencia escuchan sonidos o voces dentro de su cabeza, como si alguien les hablara, aunque puede sonar también como su propia voz. El don de la clarividencia permite ver imágenes con la mente, como si se estuviese proyectando una película; a veces, las escenas son claras, pero en otros casos solo se visualizan símbolos o colores. Los que tienen claricognición saben ciertas cosas, pero no pueden explicar por qué razón tienen esos conocimientos. Es como si hubieran sido traspasados desde otra persona, pero los dominan como si fueran suyos. A estos sentidos psíquicos, los que antes se han denominado «claridades», serán a los que recurrirás cuando comprendas el lenguaje de los animales.

Consciente o no, eres como un receptor de radar: recibes constantemente información a través de cada una de tus claridades. Te llegan imágenes, sentimientos, energía y otros datos. Son los ingredientes de una receta que después se mezclan para conseguir un resultado final asombroso; un todo mucho más valioso que cada una de las partes de que se compone.

Abrir tus claridades te permitirá sentir la energía de un modo más profundo, así como tener un mayor control sobre ella; es decir, te abrirá las puertas al manejo de tu propia energía, a la conexión con la de otros seres y algo igual de importante: la desconexión de ciertas energías. Con estas herramientas tendrás acceso a una sabiduría infinita, a una percepción elevada de las emociones, a la comprensión de las visiones y al verdadero conocimiento interior.

A continuación vamos a hacer un ejercicio para activar tus cuatro claridades principales.

1. Busca un lugar tranquilo, lejos de ruidos y distracciones, donde puedas relajarte sin que nadie te moleste.

2. Empieza por tomar una postura adecuada. Descruza los brazos y las piernas, endereza la espalda y ponte cómodo, ya sea tumbado o sentado.

3. Realiza dos respiraciones profundas y purificadoras: inhala por la nariz y exhala por la boca. Mientras tomas aire piensa que estás absorbiendo la energía curativa de la luz blanca universal y que, cuando exhalas, expulsas todas las preocupaciones, temores o dudas que puedas tener.

4. Visualiza tu conexión con la madre tierra, como hiciste en los ejercicios anteriores.

5. Imagina un rayo de luz blanca viniendo hacia ti que, poco a poco, se introduce en la parte superior de tu cabeza, donde se encuentra situado el séptimo chakra. Después imagina que esa energía va descendiendo por tu cuerpo e iluminando cada célula de tu ser.

6. Ahora estás conectado desde arriba con el padre cielo —el cosmos— y por abajo con la madre tierra.

7. Visibiliza el centro de tu corazón totalmente abierto y receptivo a la activación de tus sentidos psíquicos o claridades.

8. Ahora me gustaría que sintonizaras con cada una de ellas: el clarisentimiento —sentimiento intuitivo o psíquico—, la clariaudiencia —oído intuitivo o psíquico—, la clarividencia —visión intuitiva o psíquica— y la claricognición —conocimiento intuitivo o psíquico—.

9. ¿A menudo tienes conocimiento sobre alguna cuestión sin saber cómo lo has adquirido?

10. ¿Percibes en alguna ocasión sensaciones de otras personas, ya sea física o emocionalmente?

11. ¿Has escuchado una voz interior ofreciéndote alguna información útil?

12. ¿Has tenido visiones en tu mente que han resultado ser importantes?

13. De todos estos sentidos psíquicos, ¿cuál de ellos sientes más desarrollado, la clarividencia, la clariaudiencia, la claricognición o el clarisentimiento? Tómate un momento para colocarlos en orden. El primero será el que se manifiesta en ti con más fuerza. Anota ese orden.

14. Incorpora en la conciencia el conocimiento de todas las claridades.

15. Siente el contacto del suelo en los pies, haz un par de respiraciones profundas y vuelve al presente.

Te animo a que vuelvas a realizar este ejercicio a menudo para revisar los sentidos psíquicos, es decir, tus canales de comunicación.

12

Aceptar que somos vulnerables

«Solo la verdad de lo que eres, y si eres capaz
de verla, te hará libre».

(ECKHART TOLLE)

Una de mis clientas, Julia, perdió a su querido esposo, Zeb, a mitad de camino de los cincuenta. Su partida fue tan repentina que ni siquiera tuvo tiempo de vivir el duelo. Con el alma hecha pedazos, lo último que quería era empezar una nueva relación, de modo que vivió apartada de todo y de todos durante varios años.

Sin embargo, cuando se acercaba su quincuagésimo cumpleaños, Julia decidió que era hora de pasar página. Nerviosa, compartió con los amigos y compañeros de trabajo más allegados su deseo de conocer a alguien. Incluso se había atrevido a registrarse en una página de citas. No obstante, habían pasado veinte años desde la última vez que había empezado una relación, así que no sabía qué esperar.

Al principio, Julia sentía que, de alguna manera, estaba traicionando a su difunto esposo por el mero hecho de plantearse una nueva relación, pero quienes la querían la animaron a intentarlo convenciéndola de que Zeb habría querido que fuera feliz, que lo merecía de verdad. Más animada, Julia abrió la mente y se dispuso a disfrutar de lo que el universo tuviera preparado para ella.

A lo largo de los meses siguientes, sus amigos la presentaron a posibles parejas, tomó café con algunos conocidos del trabajo y hasta tuvo varias citas con personas que había conocido en el gimnasio o a través de Internet. Aunque a Julia le gustó la experiencia de hacer algo diferente, ninguno de esos encuentros llegó a algo serio. El vínculo que establecía con sus potenciales parejas le resultaba superficial o encontraba alguna pega que le impedía seguir adelante. Poco a poco, perdió la esperanza de encontrar a alguien con quien compartir su vida.

¿Lo habría intentado demasiado pronto? ¿Sería que aún no había superado la pérdida de Zeb? ¿O quizá era demasiado mayor? En el fondo, Julia seguía sintiendo cierta incertidumbre con respecto a lo que estaba haciendo y era consciente de que proyectaba esas preocupaciones cada vez que tenía una cita; pero le resultaba muy difícil, casi antinatural, después de todo ese tiempo alejada del amor…

Llena de dudas, Julia buscó la opinión de sus amigos más íntimos. Ellos le aseguraron que solo necesitaba ser paciente, que el hombre indicado pronto aparecería, pues ella era una mujer inteligente, atractiva y encantadora. En cambio, Julia tenía la certeza de que, cada vez que tenía una cita, ninguna de esas grandes cualidades aparecía. «¿Qué me pasa?», se preguntaba una y otra vez. «¿Por qué no puedo encontrar a alguien con quien compartir mi vida?». Sus amigos estaban igual de desconcertados que ella.

Todo empeoró la noche anterior al cumpleaños de Julia. Esa tarde había tenido una cita con un ingeniero llamado Brad. Era un hombre agradable y educado, pero no surgió la chispa. Julia se encontró a sí misma buscando temas de conversación superficiales para que la velada acabara lo antes posible.

Al final de la cena, Julia puso pies en polvorosa. Corrió a casa y se sentó frente al televisor mientras esperaba a que el reloj anunciara las doce. Ya estaba. Había cumplido cincuenta años. Y estaba sola. Muy sola. ¿Iba a ser así el resto de su vida?

A pesar del fracaso inicial, Julia no se rindió. Sin embargo, tras otra serie de intentos fallidos, empezó a desanimarse. En busca de nuevas ideas y conocimientos que la ayudasen a avanzar, Julia se inscribió en un retiro para mujeres, entre cuyas actividades se incluía el aprendizaje asistido con caballos, aunque no estaba segura de qué significaba eso. «No sé qué me impulsó a hacerlo —admitía Julia—, pero sabía que debía probar algo diferente. El retiro parecía una buena oportunidad para reflexionar sobre lo que estaba pasando en mi vida en aquel momento; tal vez, incluso de volver con las pilas cargadas y una actitud abierta.

Este tipo de talleres están diseñados para ayudar a las personas a conocerse mejor a sí mismas durante el tiempo que pasan con los animales, que actúan como un espejo de lo que ocurre en nuestra vida. Para ello, los participantes llevan a cabo una serie de ejercicios sencillos con los caballos, que de modo inconsciente reflejan el estado emocional de su compañero humano. A partir de ahí podemos cuestionar nuestros pensamientos y creencias más arraigadas, volvernos más conscientes de nosotros mismos y mejorar importantes habilidades interpersonales como la confianza, la comunicación, la honestidad y la tolerancia.

En el primer ejercicio, Julia tuvo que entrar en los establos para cepillar a Remy, un enorme caballo castrado de manto alazán. A su alrededor había otras mujeres, cada una cepillando a un caballo diferente. Julia estaba nerviosa, incluso un poco avergonzada por la situación. Empezaba a preguntarse por qué se habría apuntado a aquel taller. Sin saber cómo comportarse frente a una criatura tan magnífica, se sorprendió a sí misma hablándole como si fuera un bebé y riéndose con timidez mientras le frotaba el lomo y le decía lo guapo que era.

Remy, que no estaba atado, respondió a Julia, primero mirando hacia otro lado y luego dándose media vuelta. Aquello la molestó. Se había apuntado al retiro espiritual con la esperanza de poder escapar de los problemas y de la rutina, pero el taller no era sino una extrapolación de lo que ocurría en su vida diaria.

Por suerte, la práctica duró poco tiempo y el grupo abandonó el establo para llevar a cabo el siguiente ejercicio. Ahora que estaban al aire libre, disfrutando de los cálidos rayos del sol y la suave brisa, esperaba que ella y Remy consiguieran trabajar de forma más productiva. El animal, junto con el resto de los caballos, había caminado hacia el exterior con gran entusiasmo, así que albergaba esperanza.

Cuando el monitor explicó el ejercicio siguiente, Julia dejó escapar un suspiro de alivio. Solo tenían que guiar al caballo entre unos postes de madera que había en la arena del picadero. Parecía bastante sencillo. La primera pareja de participantes pasó entre ellos sin ninguna dificultad. Y entonces llegó su turno.

Respiró hondo. «Puedo hacerlo», se dijo mientras agarraba las riendas. «En verdad, cualquiera podría hacerlo», pensó. «Será fácil», se insufló ánimos. Dio un paso adelante fingiendo una confianza en sí misma que no sentía. Nada. Remy no quería seguirla. De hecho, permaneció clavado en el sitio.

—Vamos —dijo ella—. Demos un paseo.

Remy solo le dirigió una mirada desinteresada. Julia observó a su alrededor. Las otras mujeres conducían a su caballo con despreocupación por el circuito de barras, haciendo ver que era la actividad más fácil del mundo.

Centró de nuevo la atención en Remy. «¿Cómo es posible? Todos lo están haciendo, ¿por qué tú no?», pensó. Tomó aire y volvió a tirar con suavidad de las riendas.

—¡Vamos, Remy! —le pidió.

Remy miró a otro lado, distraído y ajeno a los problemas de Julia. «Tal vez debería ser más firme», pensó, así que tiró con más fuerza. Nada. El animal no dio ni un paso. Solo la escrutaba con esa expresión impasible de quien no se vende ni por amor ni por dinero.

«¿Qué hago ahora?». La mente de Julia trabajaba a toda velocidad. Entonces encontró en un bolsillo la mitad de una barrita de cereales que le había sobrado del desayuno. Se la ofreció a Remy, que la aceptó con gusto. «¡Genial!», pensó, convencida de que estaban llegando a algún punto. Se equivocaba.

Cuando Julia reanudó el paso y tiró una vez más de las riendas, Remy clavó los cascos en el suelo más obstinado que nunca. Tensó el cuerpo mientras con aquella mirada impasible parecía decirle: «No lo haré».

Nada de lo que intentaba parecía funcionar. El resto de las participantes continuaban con la actividad avanzando encantadas por el picadero. Cuando devolvió la atención a Remy se vino abajo. No le importó quien estuviera a su alrededor ni quien pudiera oírla o verla en ese momento. Afloró toda la frustración y tristeza que tenía reprimida.

—¿Qué pasa? —bramó con la mirada anegada por las lágrimas— ¿Por qué no te gusto?

Estudió los ojos oscuros e imperturbables del animal.

—¿Por qué ni siquiera quieres caminar junto a mí? —exigió saber.

Julia quedó sorprendida por sus propias palabras, que eran un reflejo de cómo se sentía con respecto a sus problemas de pareja. Inhaló hondo y se acercó a Remy. Decir en voz alta lo que pensaba, aunque fuera a un caballo, había sido liberador. «Tal vez sea cierto que hablar con los animales sirva para algo, después de todo», pensó.

—Lo que pasa, Remy —susurró—, es que estoy asustada. Soy una buena persona. Sé que puedo ser divertida. Pero parece que nadie más puede verlo. Y no sé qué hacer.

Miró a su alrededor, incómoda ante la perspectiva de que alguien pudiera escuchar aquella conversación tan íntima entre ella y un caballo, pero todos las demás parecían estar centrados en su propio compañero animal.

Mientras hablaba, los muros que habían mantenido a raya la tristeza se derrumbaron. Las lágrimas empezaron a deslizarse sin control por las mejillas. Era imposible detenerlas. Julia tuvo que rendirse a la emoción del momento.

—Me aterra estar sola —sollozó mientras se sorbía la nariz—. Me aterra que nadie vuelva a quererme. No ser lo bastante buena ni lo bastante guapa para que alguien me ame otra vez.

Tragó el nudo que le oprimía la garganta.

—No quiero estar sola lo que me queda de vida. Pero tampoco sé qué hacer.

Remy permaneció clavado en el sitio, pero esta vez parecía escucharla. La observaba en silencio, sin juzgarla. Julia se acercó a él y le acarició el cuello.

—No sé qué estoy haciendo mal —admitió para sí misma—. Solo deseo querer y que me quieran. ¿Es tanto pedir?

Para su sorpresa, Remy giró la cabeza hacia ella y le acarició el brazo. Ese simple gesto de atención significó mucho para Julia. Fue como si el sol saliera de entre un oscuro banco de nubes. No pudo reprimir una carcajada y se limpió las lágrimas del rostro con una manga del jersey.

—¿Será que me esfuerzo demasiado, Remy?

Una repentina sensación de felicidad la envolvió. El animal la miró a los ojos y le dio suaves mordiscos en el cuello, en la mejilla. Esa sensación de atención, de cariño fue maravillosa. Julia le acarició el hocico con mimo.

—¿Te apetece dar un paseo? —preguntó.

Se encaminaron hacia los postes. Remy se puso a su altura sin necesidad de que lo guiase. Pasearon por el campo de obstáculos una, dos, tres veces mientras Julia expresaba sus esperanzas y temores, sus objetivos y sus sueños. Hablar con un caballo ahora parecía lo más natural del mundo. De hecho, estaba tan absorta en su conversación con Remy que no se dio cuenta de que el ejercicio había terminado. Tuvieron que darse prisa en alcanzar a los demás participantes, que ya estaban de camino al establo. Cuando llegó el momento de dejar a Remy y comenzar otra actividad, a Julia la embargó la tristeza: sentía que decía adiós a un viejo amigo.

A la hora de compartir su experiencia con el resto del grupo, trató de hacerlo con ironía, riéndose de ella misma; sin embargo, en el fondo sabía que algo importante había cambiado. Sin darse cuenta, había trasladado sus sentimientos a Remy, y él los había asimilado a conciencia. Julia sentía que el animal la había ayudado a sanar heridas del pasado y que haberse mostrado vulnerable era lo que precisamente les había permitido establecer una verdadera conexión.

Esto es algo que llevo enseñando en los talleres mucho tiempo. Ayudo a mis alumnos a entablar vínculos profundos y sinceros con los animales, a menudo con buenos resultados. Casi todas las amazonas que conozco saben que los caballos tienen mucha sintonía con los humanos, que son capaces de leernos el pensamiento y captar nuestras emociones como si fuéramos un libro abierto. Creo que esa es una de las razones por las que nos sentimos tan atraídos por ellos. Lo mismo ocurre con cualquier otro animal si abrimos el corazón. Parece que los amigos peludos siempre nos entienden, que son nuestro «psicólogo» de confianza, con la ventaja de que pasar tiempo con ellos nos deja mucho mejor sabor de boca que cualquier sesión de terapia.

Es interesante destacar que la ciencia empieza a respaldar esta teoría. Un equipo científico en Japón ha presentado un estudio reciente que demuestra que los caballos pueden distinguir, e incluso identificar, las expresiones faciales de los humanos[6], así como interpretar señales emocionales a partir del

---

6. Recientes investigaciones en Japón han demostrado que los caballos pueden distinguir las expresiones faciales de los rostros humanos. Algunos estudios similares llevados a cabo en Austria y Brasil han señalado esta misma capacidad en perros y cabras. Véanse *Cross-Modal Perception of Human Emotion in Domestic Horses*, de Kosuke Nakamura, Ayaka Takimoto-Inose y Toshikazu Hasegawa (https://doi.org/10.1038/s41598-018-26892-6); *Dogs Can Discriminate Emotional Expressions of Human Faces*, de Corsin A. Müller *et al.* (https://doi.org/10.1016/j.cub.2014.12.055), y *Goats Prefer Positive Human Emotional Facial Expressions*, de Christian Nawroth *et al.* (https://doi.org/10.1098/rsos.180491).

tono de voz. Los talleres que realizamos con estos animales me han demostrado en multitud de ocasiones que este fenómeno puede ocurrir incluso cuando no están familiarizados con la persona en sí.

Basándome en mi experiencia con los animales, los resultados que la ciencia pone ahora encima de la mesa son solo una pequeña muestra de lo que el alma y el corazón de quienes hayan tenido la suerte de tener cerca a algún animal o haya asistido a alguno de estos talleres ya sabían. Hasta ahora, la evidencia científica va muy rezagada en comparación con lo que veo a diario en mi trabajo, pero es un avance significativo. Me llena de felicidad ser testigo de algún progreso dentro de este ámbito, por pequeño que sea.

Te preguntarás cómo han conseguido demostrar los científicos que los caballos reconocen las emociones humanas en función de nuestras expresiones faciales y tonos de voz. La respuesta es sencilla. Se mostró a los animales varias imágenes; unas con rostros felices y otras con rostros enfadados. Cuando contemplaban la imagen de una expresión facial de enojo, las pulsaciones de los animales se disparaban, mostraban patrones de estrés y giraban la cabeza hacia la izquierda, un comportamiento habitual cuando reconocen un peligro potencial.

De acuerdo con Amy Smith, doctoranda que codirigió la investigación, es la primera vez que se analizan las respuestas de los caballos ante este tipo de estímulos. «Lo más interesante de este proyecto es que deja patente la capacidad que poseen los caballos para leer las emociones humanas. Hace tiempo que sabemos que son una especie compleja, pero es la primera vez que podemos demostrar su talento para saltar la barrera entre especies hasta el punto de que pueden distinguir en los humanos las expresiones faciales positivas de las negativas.»[7]

Julia descubrió con la experiencia en aquel retiro que, a medida que abría el corazón, la respuesta de Remy cambiaba, lo que a su vez le permitió reflexionar en profundidad sobre sí misma y las emociones que sentía. Pero ¿de verdad marcó esto un antes y un después en sus relaciones interpersonales? Después de todo, ¿quién pediría consejos de amor a un caballo?

Julia es la persona más indicada para responder a esa pregunta. «Remy me ayudó a sincerarme conmigo misma. A partir de ahí fue más fácil ser asertiva, comunicar de un modo adecuado las emociones, sobre todo cuando se trataba de intereses románticos». Seis meses después, Julia estaba comprometida. «De no ser por Remy, no estoy segura de que hubiera podido reunir el valor o la confianza suficientes para recuperar las riendas de mi vida. Puede que nunca hubiese conocido a mi futuro marido, Dave, que nunca hubiese encontrado la felicidad. Estoy muy agradecida por el tiempo que pasé con Remy».

Lección

Los traumas emocionales pueden tardar mucho tiempo en sanar; a veces parece que no desaparecerán nunca. Al contrario de lo que sucede con una herida física, una herida emocional puede permanecer abierta, sangrante durante años —décadas,

---

7. *Horses Can Read Human Emotions, Study Shows*, por la Universidad de Sussex (https://phys.org/news/2016-02-horses-human-emotions.html); *Functionally Relevant Responses to Human Facial Expressions of Emotion in the Domestic Horse*, de Amy Victoria Smith *et. al.* (https://doi.org/10.1098/rsbl.2015.0907).

incluso—, si no la tratamos de la manera adecuada. En este proceso de curación nos pueden acompañar los animales, nuestros grandes sanadores, que nos guían hacia el bienestar y nos ayudan a volver a la esencia de nuestra naturaleza humana. Si nos paramos a reflexionar y conectamos con la madre tierra, abriremos la puerta al proceso de curación y también a que los compañeros animales puedan utilizar sus dones curativos en nuestro beneficio. Al cabo de poco tiempo nos sentiremos reparados y nuestra llama interior volverá a brillar con fuerza.

Julia, igual que muchos de nosotros, necesitaba reconectar con su verdadero yo, darse la oportunidad de ser ella misma, de recuperar su esencia como persona. Para conseguirlo, además de desechar viejos hábitos y creencias, tuvo que mostrarse vulnerable. Para muchas personas no es fácil aceptar las propias debilidades, y mucho menos mostrarlas ante los demás. Hemos aprendido a levantar muros complicados de derribar para protegernos del daño que puedan hacernos o de experiencias dolorosas. Pero no estamos diseñados para vivir confinados entre esos muros: nuestro verdadero yo no florecerá entre ellos. Escondernos detrás de una trinchera nos impedirá crecer y ser felices. Con la ayuda de un compañero animal como Remy podemos aprender a aceptar nuestras debilidades para reconectar con la luz blanca universal, donde pertenecemos, donde se nos valora por lo que somos.

Reflexiones

Evoca un momento en que creas que un compañero animal pudo haber «leído» tus sentimientos durante un momento de debilidad.

1. ¿Alguna vez has intentado ocultar tus vulnerabilidades a un compañero animal?
2. ¿Has observado algún paralelismo interesante entre tus relaciones con los animales y tus relaciones con otras personas?
3. ¿Cambió de alguna manera el comportamiento de tu animal cuando te mostraste más sincero con él?

Ejercicio: crear un espacio de paz interior y confianza

Necesitamos sentirnos bien con nosotros mismos y experimentar la paz interior. Para lograrlo a veces tendremos que limpiar bloqueos energéticos o alejarnos de aquello que nos está impidiendo hallar ese bienestar personal. Profundizar un poco en el funcionamiento de las energías es clave para conseguirlo.

El universo es energía; por supuesto, nosotros también. Por eso, cualquier ejercicio energético que realicemos con el fin de mejorar nuestro equilibrio interior, favorecer la integración entre ambos hemisferios cerebrales para llegar a un «estado de sanación» nos ayudará a conectar a un nivel más profundo con los animales. Para llevar a cabo este ejercicio seguiremos el método del anclaje de Cook, creado por el difunto Wayne Cook, el cual aprendí mientras estudiaba quinesiología en Toronto a principios de los noventa. Este ejercicio es conocido por sus propiedades para relajar el cuerpo, mejorar la concentración y la conexión con la madre tierra o para alinear los campos energéticos, por mencionar algunos de los beneficios que ofrece.

1. Sentado en una silla, endereza la espalda.

2. Cruza las piernas a la altura del tobillo.

3. Estira los brazos hacia delante; luego cruza uno por encima del otro, de manera que coincidan con la posición de tus piernas: en ambos casos el derecho sobre el izquierdo o el izquierdo sobre el derecho.

4. Junta las palmas de las manos; después, las yemas de los dedos. A continuación llévalos hasta la parte superior del pecho.

5. Mientras mantienes la posición anterior con los ojos cerrados, céntrate en tu respiración. Al inhalar, lleva la lengua al paladar, y al exhalar, bájala a la base de la boca. Repite esta acción durante dos minutos.

6. Descruza las piernas, coloca las plantas de los pies en el suelo y separa las manos, pero manteniendo juntas las yemas de los dedos.

7. Repite este ejercicio de respiración durante varios minutos.

8. La duración de cada uno de estos pasos depende de ti y de cómo te sientas. Yo te sugiero que practiques cada posición al menos entre uno y tres minutos.

Te animo a que realices este ejercicio a menudo para conseguir un estado que facilite la comunicación y la sanación animal.

Parte V

Los animales como catalizadores

13

Sentir la conexión

«Los mejores viajes responden a preguntas que en un principio ni siquiera pensabas hacer».

(JEFF JOHNSON)

Tener en casa un animal supone una responsabilidad. Cuando tomamos esa decisión estamos adquiriendo un compromiso sagrado, no dando rienda suelta a un capricho pasajero. Pero ¿qué sucede cuando surgen circunstancias que, en principio, no nos permiten continuar conviviendo con nuestras mascotas? ¿Qué debemos hacer cuando nuestra vida nos lleva por un camino que no parece compatible con el suyo? ¿Hasta qué punto es profundo el compromiso que hemos adquirido con el animal? ¿Tenemos el deber de mantenerlo incluso si eso significa suspender algún acontecimiento importante en nuestra vida o enfrentarnos a alguna circunstancia perjudicial para la salud? Este era el dilema al que se enfrentaba Cheryl. Sabía desde hacía meses —incluso años— que tenía que frenar el ritmo de vida que llevaba: estaba agobiada, necesitaba alejarse, hacer una pausa y replantearse algunas cosas. Pero no podía hacerlo porque no quería abandonar a Snow, un cruce de *setter* inglés y *pointer* de seis años que estaba junto a ella desde que solo era una juguetona bola de pelo blanco de ocho semanas. Desde entonces habían crecido juntas, y juntas habían hecho frente a multitud de retos y adversidades. Jamás se habían separado más de un día o dos a lo máximo. ¿Cómo iba a dejarla? Y, por otra parte, ¿cómo iba a llevársela a un viaje así? Tenía planeado conducir durante muchas horas al día. No parecía sensato arrastrar a un perro a una escapada sin ninguna planificación ni destino concretos.

A Cheryl le inquietaban además otros aspectos del viaje. Por un lado, sentía la necesidad de lanzarse a aquella aventura; pero, por otro lado, era una adulta responsable, y como tal se esperaba de ella que continuara el ascenso en su carrera profesional y, por supuesto, que ganara dinero. Casi todos sus allegados la desanimaban. La idea de una mujer viajando sola por las carreteras y caminos de Norteamérica durante meses y sin destino no parecía segura ni inteligente, y probablemente suponía un suicidio profesional. Cheryl escuchaba todas esas opiniones, sobre todo los últimos meses, mientras intentaba reunir el valor para dar el salto. Pero cuanto más aplazaba la decisión, peor se sentía. Mes tras mes, notaba cómo perdía la salud y aumentaban el estrés y el deseo de escapar en busca del verdadero propósito de su vida.

«Sabía que tenía que hacer ese viaje —recordaba Cheryl—. Al final, ese deseo me empujó a renunciar a mi puesto de trabajo, alquilar mi casa y salir a explorar el mundo». Sin embargo, había un último obstáculo: su querida compañera, Snow. No estaba segura de cómo iban a arreglarse la una sin la otra durante tanto tiempo. Ninguna opción parecía la correcta. Después de pensarlo mucho no solo con la cabeza, sino también con el corazón, Cheryl decidió no llevársela. Fue una elección difícil, pero sabía que, si Snow estaba con ella, exigiría mucha atención, sobre todo a la hora de controlar la agresividad que mostraba a la gente cuando se ponía nerviosa o se sentía amenazada. ¿Qué podía hacer? Por suerte, Cheryl tenía un amigo, Randy, que vivía cerca y que aceptó cuidar de Snow durante los seis meses que se preveía que iba a durar el viaje. Era una buena solución: Snow y Randy se gustaban y Cheryl confiaba en su amigo. Sabía que cuidaría bien de la perrita. A pesar de eso, a medida que se acercaba el momento de la partida, a Cheryl le asaltaban las dudas.

«Snow y yo siempre habíamos estado muy unidas —dijo Cheryl—. Yo vivía sola, así que Snow era mi compañera, mi refugio, mi mejor amiga. Siempre estaba conmigo». Cuando Cheryl se sentaba en el sofá a planear el viaje, Snow permanecía a su lado, ojeando los mapas, olisqueando las guías o intentando masticar el bolígrafo. Cuando fue a la tienda a comprar provisiones para emprender la escapada, Snow también estaba allí, subida en el asiento de la furgoneta y, por supuesto, metiendo el hocico en las bolsas cuando las descargaba en casa. Igual que cuando, preocupada por los inconvenientes, jugueteaba con la mochila o el resto del equipo que había adquirido. Snow siempre estaba allí, en el centro de todo, olfateando, moviendo el rabo y con la mirada fija y firme.

Cheryl intentaba no fijarse mucho en el interés constante que Snow mostraba en torno a todos esos preparativos, pero en el fondo sabía que su mascota era consciente de lo que estaba planeando y que intentaba por todos los medios hacerla cambiar de opinión. «El momento más crítico llegó la noche anterior a mi partida —admitió Cheryl—. Las maletas estaban hechas, el resto de mis cosas recogidas en un guardamuebles. Todo listo para salir. Lo único que quedaba por hacer era llevar a Snow a casa de Randy». Cheryl estaba sentada en el sofá —uno de los pocos muebles que dejaba al nuevo inquilino— comiendo pizza, la última cena, antes de partir. Snow, como era costumbre, no dejaba de observarla y, de pronto, se levantó, corrió hacia ella y se subió a su regazo.

«Me sorprendió mucho —dijo Cheryl—. Siempre fue muy cariñosa, pero nunca venía a sentarse en mi regazo. En ese instante supe con total certeza que Snow sabía lo que estaba pasando y que estaba diciéndome, a su manera, lo que ella opinaba al respecto». Cheryl se dio cuenta, mientras acariciaba las suaves orejas de su compañera, que no sería capaz de hacerlo: no podía dejarla atrás. El objetivo del viaje era relajarse, y eso era lo que tenía que hacer ahora, tranquilizarse y confiar en la amistad que la unía a Snow, en que seguir juntas como hasta ahora era la decisión correcta.

Para bien o para mal, por encima de todas las dificultades que podría suponer, tener a ese animal a su lado era lo que más deseaba y, por otro lado, ¡Snow prácticamente se lo había exigido! Eso no podía pasarlo por alto. Todo estaba resuelto: ¡Snow se iba de viaje con ella!

Cheryl llamó a Randy para comunicarle el cambio de planes. El sentimiento fue de decepción, pero, como él mismo confesó, no de sorpresa. Claro que le hubiese gustado hacerse cargo de Snow, pero le resultaba impensable ver partir a Cheryl sin ella; era consciente de la dependencia emocional que había entre su amiga y aquel animal. Por eso, en el fondo, se alegró de que emprendieran juntas la aventura.

Ahora que todo estaba claro, había mucho que hacer. Cheryl pasó las horas siguientes en una actividad frenética, rehaciendo el equipaje para encontrar un hueco en las maletas donde llevar las cosas de Snow: latas de comida, cuencos, la cama y, ante todo, su juguete favorito —el conejo de peluche con una oreja rota—. Mientras Cheryl disponía lo necesario para una viajera más, Snow la seguía con la mirada, supervisando cada movimiento y asegurándose de que las cosas se estaban haciendo como ella quería. Cuando todo estuvo dispuesto, Cheryl, exhausta, se desplomó en la cama. Fue entonces cuando Snow saltó a su lado y se quedó dormida a los pies de Cheryl, que aprovechó la respiración suave de su mascota para aplacar los nervios y quedarse dormida.

«Era casi como si vigilara lo que estaba haciendo —recordaba—, y al ver que guardaba sus cosas junto con las mías se convenció de que todo iba bien. Entonces, relajada, se durmió».

Así fue como Cheryl emprendió la gran aventura con Snow a su lado. A la mañana siguiente, Randy fue a despedirlas: le dio un gran abrazo a Cheryl y un regalo a Snow. Después se pusieron en marcha. Snow iba sentada en el asiento del copiloto, erguida y alerta, dando a entender a Cheryl que ella formaba parte de aquella hazaña.

Era una mañana fría del mes de marzo; las aceras y los parques estaban cubiertos por una gruesa capa blanca de escarcha. En cuanto llegaron a la autopista, Cheryl sintió cómo una sensación de alivio la inundaba. Las preocupaciones de los últimos meses se desvanecían a medida que los neumáticos iban devorando los kilómetros. Ya no tenía la menor duda: había tomado la mejor decisión; ahora, solo quedaba relajarse, dejar que los acontecimientos se desarrollasen y disfrutar de la magia de aquel viaje. En su plan original tenía programada la vuelta dentro de seis meses, pero entonces cambió de opinión. «¡Diablos! En ese espacio de tiempo solo había empezado a sentirme un poco más sosegada», me dijo.

Se dio cuenta de que necesitaba alargar aquella experiencia para obtener todo lo bueno que aquel viaje le brindaba y con Snow de copiloto ya no había que preocuparse de la fecha de vuelta. Tenía plena libertad, sin límite en el tiempo, sin preocuparse de nadie que la esperara ¿Seis meses? ¿Un año? ¿Más? No importaba.

Otro de los temores de Cheryl en un viaje tan largo era la soledad. La compañía de Snow hizo desaparecer aquella inquietud y además le aportó una enorme sensación de seguridad. A cualquiera que le gusten los perros sabe que, cuando tienes a uno a tu lado, es imposible sentirse solo. Por eso, Cheryl nunca sintió la sombra de la soledad mientras recorría las carreteras del país. «También me hizo ser valiente», recordaba. Fue Snow quien la empujó a conocer a muchas personas que de un modo u otro resultaron ser importantes en su vida. «Snow consiguió que, poco a poco, me abriera a los demás —reconocía—. Algo que dudo que hubiera tenido el valor de hacer sola».

Cheryl, que podríamos describir como una persona tímida, descubrió que la presencia de Snow hacía que entablar una conversación con los demás fuera era algo fácil y natural. Siempre se las ingeniaba para romper el hielo con quienes coincidían en los campamentos, ahora convertidos en su nuevo hogar.

Snow se ocupó también de la ansiedad que producía a Cheryl la idea de tener que acampar en lugres recónditos. Cuando llegaban al lugar elegido, Snow salía de inmediato a explorar los alrededores, reconocía el terreno, se presentaba a quienes consideraba de fiar y gruñía a quien le producía rechazo antes de volver al lado de Cheryl, que había aprendido a seguir el instinto de su mascota.

Si Snow mostraba simpatía por alguien, Cheryl se sentía relajada y cómoda en su compañía. Si, por el contrario, la desagradaba, entonces Cheryl desconfiaba y procuraba evitar su presencia. Tenía su propio radar blanco y peludo de cuatro patas con el que, siguiendo las señales, consiguió entablar nuevas amistades y evitar cualquier problema.

Durante el recorrido que hicieron por Estados Unidos y Canadá, Cheryl nunca se sintió sola, ni siquiera cuando no había nadie en mucha distancia. Acurrucada dentro de la tienda de campaña o tumbada en el saco de dormir bajo el manto de las estrellas, Snow siempre estaba allí, a su lado, reconfortándola mientras se dormía al compás de su suave respiración.

El vínculo entre Cheryl y Snow se reforzó. Ambas ganaron valentía, confianza y disposición a probar experiencias nuevas. Con Snow trotando a su alrededor, Cheryl se aventuró en las altas montañas, recorrió senderos escarpados y agrestes para descubrir la belleza de la naturaleza. Visitó ríos y lagos, montañas y bosques, parques y desiertos siempre con alguien con quien compartir la alegría y las experiencias. Lo que empezó como una excursión de seis meses, acabó en una odisea de dos años y medio de mochilera, durante los cuales vivió la mayor parte del tiempo en una tienda de campaña.

El trabajo que Cheryl había abandonado era muy estresante: había estado sometida a un ritmo frenético y al principio le costó relajarse. Snow era el ejemplo perfecto para ella. No importaba dónde estuvieran o lo que hicieran, su mascota se lo tomaba todo con la misma tranquilidad. Con el paso del tiempo consiguió parecerse un poco más a ella. Cada día más despreocupada, reflexiva y dispuesta a aceptar lo que le ofrecía el día logró que su estado de ánimo y sus sentimientos encajaran con naturalidad.

A Cheryl no dejaba de sorprenderle la rapidez con la que Snow se adaptaba al nuevo entorno. No le costó ningún esfuerzo cambiar la comodidad del sofá por el calor del saco de dormir; aceptó la tienda de campaña de color azul y amarillo como su nuevo hogar. Pero, sobre todo, ayudó a transformar la vida de Cheryl, a que conectara de nuevo con la naturaleza como había hecho durante su infancia. Cheryl no tardó en descubrir lo mucho que, sin saberlo, había echado de menos la soledad, el intenso silencio y los espacios abiertos.

Snow fue una pieza clave en todo este proceso. Además de la compañera ideal, también era su guía espiritual. El entusiasmo imperturbable que tenía por la vida ayudó a Cheryl a recuperar el equilibrio tras años de estrés e infelicidad.

Nunca volvieron a la ciudad. Cuando Cheryl dio por terminado el viaje se instalaron en una pequeña granja en la Columbia Británica. Allí, Snow ladraba a los pájaros, perseguía a las ratas, nadaba en el arroyo próximo y volvía cada noche a tumbarse a los pies de Cheryl frente al fuego. La mujer hizo todo lo posible por no apartarse del ejemplo de Snow: aplicó a la vida cotidiana todas las lecciones espirituales aprendidas durante aquel viaje y nunca volvió a permitir que el estrés dominara su vida.

Siguió los dictados del corazón y utilizó la gran afición que sentía por la fotografía para establecer un negocio de venta de tarjetas de felicitación y postales. Con el tiempo retomó su trabajo como directiva, esta vez dedicado a la gestión de organizaciones benéficas. En la actualidad trabaja como analista financiera independiente y como hipnoterapeuta clínica. Trata de sentir, de vivir como Snow, que hizo que persiguiera lo que le hacía feliz. Vive día a día disfrutando de lo que hace en cada momento, sin importar lo que sea.

Snow ya ha pasado al otro lado, pero Cheryl dice que sigue estando junto a ella en espíritu, que siente su presencia, sobre todo en los momentos significativos o cuando tiene que tomar una decisión importante.

«Quería alejarme y descubrir lo que era más importante para mí, pero pensaba que eso significaba abandonarlo todo —dijo Cheryl—. Snow me hizo ver que ella era una de las cosas más importantes para mí, que podía hacer lo que quisiera y seguir manteniéndola en mi vida. Esa fue una de las cosas más esclarecedoras de mi viaje, y le doy las gracias a Snow por haberme enseñado esa lección».

Lección

A veces solo necesitamos un pequeño estímulo para seguir el deseo de nuestro corazón y alcanzar nuestro destino. Por regla general, un animal no es la primera opción para exponer una idea o un proyecto como lo haríamos con un amigo; sin embargo, si les damos la oportunidad, nuestros compañeros animales nos escucharán con atención y actuarán como maravillosos catalizadores del cambio en nuestras vidas. Si prestamos atención a lo que quieren compartir con nosotros y a sus consejos, nos insuflarán el ánimo que necesitamos y nos guiarán en la dirección adecuada. Cuando actuamos siguiendo las señales que nos envían, avanzamos con soltura por el mejor camino. Observar su modo de vida, lo que de verdad es importante para ellos, orienta nuestro paso por la vida, preparándonos para cumplir con nuestro destino y vocación.

Cheryl necesitaba dejarse llevar, confiar en la sabiduría de Snow para alcanzar su meta. Eso significaba creer en sus instintos y los de su mascota, y también dejarse guiar por ella en algunos aspectos. La vida de Cheryl cambió por completo, en parte como resultado de la decisión de llevarse consigo a Snow. Una elección acertada que dio plenitud, felicidad y un sentido más profundo a la vida de Cheryl. Debemos recordar siempre que nuestros compañeros animales están aquí para enseñarnos a confiar en ellos y en nosotros mismos; si lo hacemos, estaremos en el buen camino para disfrutar de nuestros mejores viajes y vivir la vida con alegría y esplendor.

Reflexiones

Reflexiona en torno a algún compañero animal que te haya animado o empoderado para perseguir un sueño o una pasión.

1. ¿Cuándo se dio esa circunstancia?
2. ¿Cómo te motivó él o ella?
3. ¿Qué impresión o sensación te produjo ese estímulo y cómo respondiste?

Ejercicio: envío y recepción de mensajes

Al mismo ritmo que Cheryl avanzaba en el viaje espiritual que había iniciado acompañada de Snow, aumentaba la facilidad para comunicarse con ella de un modo muy diferente a como lo había hecho hasta ahora. En mi opinión, cualquiera puede aprender a comunicarse con los animales, o al menos a conectar con ellos y entenderlos de verdad. Es una habilidad para la que en el fondo de tu alma ya estás preparado y familiarizado; lo único que tienes que hacer es encontrar el camino que te lleve hasta el rincón donde se oculta esa maestría. El ejercicio será más fácil si lo abordas con el entusiasmo e inocencia de un niño. Traslada la mente a la época en la que tenías el corazón abierto, una imaginación sin límites y aún creías en la magia. Ese es el punto ideal para sentir la comunión con los animales. En este ejercicio, apelaré a la confianza, al no juicio y a la capacidad de permitir que las cosas ocurran si tienen que ocurrir. Puede hacerse como una visualización o una meditación. Aunque no te sientas preparado para conseguirlo de ninguna de estas maneras, no dejes de intentarlo. Finge si es preciso, porque aun así percibirás algún beneficio.

1. Busca un lugar tranquilo, lejos de ruidos y distracciones, donde puedas relajarte sin que nadie te moleste.
2. Empieza por tomar una postura adecuada. Descruza los brazos y las piernas, endereza la espalda y ponte cómodo, ya sea tumbado o sentado.
3. Realiza dos respiraciones profundas y purificadoras: inhala por la nariz y exhala por la boca. Mientras tomas aire piensa que estás absorbiendo la energía curativa de la luz blanca universal y que, cuando exhalas, expulsas todas las preocupaciones, temores o dudas que puedas tener.
4. Piensa en una corriente de luz blanca acudiendo a ti que, poco a poco, se introduce en la parte superior de tu cabeza, donde se encuentra situado el séptimo chakra. Después imagina que esa energía desciende por tu cuerpo mientras ilumina el resto de tus chakras, hasta salir por el coxis y la planta de los pies.
5. Ahora ya estás conectado, desde arriba con el padre cielo y por abajo con la madre tierra.

6. Igual que en ejercicios anteriores, visibiliza el centro de tu corazón abierto por completo, receptivo al mensaje que tu compañero animal quiere compartir contigo.

7. Sintoniza el nivel de confianza que tienes en ti mismo; algo necesario para llevar a cabo la conexión con un animal. Puede ser útil imaginar un dial marcando ese nivel, igual que el del volumen de una radio antigua. Respira hondo un par de veces, relájate, adéntrate en tu interior y observa qué línea marca el «volumen» de esa confianza. ¿Apenas es audible o, por el contrario, está muy alto? Establecer una conexión sólida con tu compañero animal que te permita enviar y recibir mensajes con claridad exige que el dial de la confianza esté en una cota alta, ¡y quiero decir alta de verdad! Si crees que no alcanzas ese nivel, visualízate extendiendo el brazo y girando el dial para elevarlo todo lo posible; hasta conseguir que sea tan potente que el universo entero sepa cuánto confías en ti mismo.

8. Ahora reafírmate en tu deseo de comunicarte con los animales, tanto hoy como cualquier otro día.

9. Llama a tu animal espiritual y a tu equipo de sanación para que te ayuden en la comunicación.

10. Visualiza la pirámide telepática de Jiggs —que ya conociste en el ejercicio del capítulo diez—, cuyos vértices van desde tus chakras del tercer ojo y del corazón hasta el chakra del corazón de tu amigo animal, formando una pirámide perfecta. Imagina un túnel o un tubo que conecta los tres chakras. Este túnel es el «canal» por el que viaja la información —como si fuera una línea telefónica invisible—. Toma conciencia de que tu canal esté abierto. Si es necesario, despeja y

limpia el conducto, sobre todo si llevas tiempo sin utilizarlo, para que la información circule con facilidad en
ambas direcciones.

11. Pronuncia, en voz alta o en tu mente, el nombre de tu
    compañero animal tres veces.

12. Hazle una pregunta sencilla y visualiza cómo se la en-
    vías a través del canal.

13. Prepárate ante la posibilidad de una respuesta fugaz; a
    veces, la contestación es tan rápida que nos puede pasar
    desapercibida y dejarnos a la espera de algo que ya ha
    pasado.

14. La información puede venir bajo cualquier forma: pala-
    bras, colores, símbolos, sonidos, impresiones o conoci-
    mientos.

15. Repite el mismo proceso un par de veces más, con
    preguntas sencillas.

16. Expresa gratitud por cualquier respuesta que hayas re-
    cibido y agradece también a tu amigo animal que se
    haya comunicado contigo.

Te animo a que realices este ejercicio a menudo para estar
en comunión y comunicación con tu compañero animal.

14

Aceptar nuestro destino

«He estudiado a innumerables gatos y filósofos.
La sabiduría de aquellos es infinitamente mayor».

(Hyppolyte Taine)

El trabajo ideal de Patricia hubiera sido jugar con gatitos todo el día, pero eso no era posible en la vida real. Como la mayoría de las personas adultas, Patricia sentó la cabeza y consiguió un trabajo estable, en el que prosperó hasta llegar a ser la gerente de un reconocido supermercado. Aunque nunca abandonó ese sueño de la infancia, la razón le decía que algo así solo era una fantasía. «Sin embargo —me dijo Patricia—, el universo me demostró lo contrario».

Patricia sentía debilidad por los animales, que siempre habían ocupado un lugar especial en su vida. Cuando era niña cuidó de un pajarito con un ala rota hasta que pudo volver a volar. Poco después convenció a sus padres para que adoptasen un gatito callejero. A partir de entonces, su infancia se llenó de mascotas: desde roedores hasta tortugas, pasando por peces de colores y conejos.

Su amor por los animales —sin importar la especie— continuó siendo adulta. Cuidaba de las mascotas de los amigos cuando se iban de vacaciones y cada noche dejaba comida para las zarigüeyas de los alrededores. «Sé que a mucha gente no le gustan —decía—, pero a mí me encantan, y la vida puede ser bastante dura para las que viven en la ciudad».

Una noche, mientras estaba sentada a la mesa cenando, Patricia oyó el sonido familiar del comedero arrastrado por el suelo de madera del porche. Se levantó con rapidez —le gustaba observar a través de las persianas a sus visitantes nocturnos—; pero, cuando echó un vistazo, se sorprendió al ver una gata atigrada devorando las sobras que había dejado para las zarigüeyas.

Patricia la estudió con atención. Aunque conocía a la mayoría de los gatos del vecindario, era la primera vez que la veía. Por el modo en que comía y se comportaba, debía de estar hambrienta. Engullía la comida sin dejar de estar alerta ante cualquier señal de peligro. En cuanto el cuenco quedó vacío salió corriendo y desapareció en la oscuridad.

Patricia pensó en el animal durante los días siguientes, pero no lo vio por ninguna parte y tampoco volvió a sorprenderlo comiendo en el porche. Dos días después, mientras aparcaba el coche en la entrada de casa al volver del trabajo, oyó un sonido extraño, como una especie de rasguños o arañazos. Apagó el motor al instante, pero solo se oía el silencio.

Desconcertada, salió del coche y caminó hacia la entrada. Entonces, lo escuchó de nuevo, pero esta vez el sonido fue más claro: unas garritas rasgando algo y un maullido débil. Patricia se detuvo en seco. No estaba segura de dónde venía aquel ruido, así que aguzó el oído todo lo que pudo. En un primer momento, lo único que oyó fueron el tráfico, el acelerón del coche de algún adolescente al final de la calle y a sus vecinos charlando y escuchando la radio en el porche. Paseó la mirada por el resto de la calle y volvió a percibir un chirrido. Entonces se dio cuenta: procedía de uno de los cubos de basura.

Patricia se acercó con cautela, aún sin saber muy bien qué se iba a encontrar. Extendió la mano y levantó la tapa. «Cuando lo abrí —recordaba—, la gata atigrada salió de un salto y aterrizó sobre el césped del jardín». El animal se giró un instante para observarla antes de desaparecer corriendo por el callejón que había situado al otro lado de la casa del vecino. A Patricia le dio la impresión de que estaba preñada, aunque con la rapidez con la que ocurrió todo y la oscuridad de la noche no podía estar segura.

No dejaba de pensar en la escena mientras abría la puerta de casa. ¿Le habría jugado la vista una mala pasada o estaría de verdad embarazada? Si era así, tenía que ser muy duro para una gata callejera sobrevivir, por no hablar de encontrar un lugar seguro para dar a luz y criar a los cachorros. Como era de esperar, el siguiente pensamiento de Patricia fue buscar la manera de ayudarla. La respuesta era obvia. Colocó dos cuencos con comida sobre el porche —uno para las zarigüeyas, otro para la gata— y se sentó a esperar.

No pasó mucho tiempo antes de volver a escuchar el sonido del cuenco arrastrado por el porche. Patricia se acercó de puntillas hasta la ventana. Ver a la gata atigrada en el porche, alimentándose con la comida que había dejado para ella, la recompensó al instante. Observándola a través de las persianas pudo confirmar su sospecha: estaba embarazada. Mientras vaciaba el bol, el animal parecía menos nervioso que la última vez. ¿Habría hecho una nueva amiga?

La pequeña tigresa aprendía rápido. Al día siguiente, cuando Patricia volvió del trabajo, ya la esperaba en el jardín delantero. En cuanto bajó del coche, la gatita empezó a maullar. «Entendí el mensaje enseguida —me decía Patricia— y le ofrecí algo de comida». Mientras observaba a la gata preñada se prometió que haría todo lo posible para ayudarla. Aunque entonces no imaginaba hasta qué punto.

La nueva rutina se mantuvo durante un par de semanas. Cada noche, la gata esperaba a que Patricia volviera del trabajo y, cada noche, ella le daba de comer. Había tenido tiempo suficiente para examinar a la gata, que cada vez tenía el vientre más abultado. No tardaría en dar a luz.

Patricia quería hacer algo más, pero para eso el animal tendría que confiar un poco más en ella. Un día, Patricia colocó en el lugar de costumbre la comida para la pequeña tigresa; pero, en vez de ocultarse dentro de casa, se sentó en la mecedora del porche.

Durante varios minutos se desató una guerra fría. Estaba claro que a la gata no le agradaba la presencia de Patricia. Inquieta, merodeaba por el césped delantero mientras mantenía la mirada fija en ella. Patricia se limitó a ignorarla. Al final, el animal se fue acercando a las escaleras del porche y colocó las patas delanteras sobre el primer peldaño. Patricia contuvo la respiración. Parecía que lo iba a conseguir. Pero, de pronto, la gata retrocedió con la misma rapidez que se había acercado. Se sentó en el césped y volvió a observar a Patricia en silencio.

Ella no se movió. Mantuvo la mirada fija en el horizonte, como si no hubiera notado la presencia del animal. La gata seguía vigilando, con la clara esperanza de que se fuera, hasta que el hambre ganó la batalla. Trotó hasta el porche, le dirigió otra mirada de sospecha y, sin quitarle los ojos de encima, devoró la comida que le había puesto. Cuando acabó se tomó un momento para asearse antes de desaparecer en la penumbra.

Había sido todo un avance. A partir de entonces, la gata vagabunda empezó a sentirse más cómoda alrededor de Patricia. Subía con confianza hasta el porche para disfrutar de la cena y al acabar se quedaba un rato acicalándose y observando a su nueva amiga. Un día, cuando terminó de comer, pasó por delante de ella y, sin ni siquiera mirarla, entró en casa.

Patricia le dio un momento. Luego se levantó despacio de la mecedora y la siguió. «Me llevó un par de minutos encontrarla —recordaba—. Pensé que habría ido a la cocina siguiendo el olor de la comida, pero no. Estaba acostada sobre el sofá, como si me estuviera esperando para ver juntas la tele». Y eso fue lo que hicieron.

Una vez relajadas, Patricia extendió una mano con cierta cautela tentativa y le frotó suavemente la cabeza. En lugar de ponerse nerviosa o intentar arañarla, la gata cerró los ojos y empezó a ronronear. «En ese momento decidí llamarla Tabitha —me dijo—. No estoy segura del porqué. Me pareció un nombre adecuado para ella».

Cuando llegó la hora de acostarse, Patricia dispuso una mantita usada sobre el sofá para que Tabitha la usase como cama. Después la dejó sola mientras se preparaba para ir a la cama. Cuando volvió al salón, Tabitha dormía acurrucada sobre la manta. Había un nuevo miembro en la familia.

Por aquel entonces, Patricia estaba estudiando para convertirse en una maestra de reiki; en concreto, quería trabajar esta nueva habilidad con los animales, así que le entusiasmaba la idea de poder practicar con una gatita embarazada sin hogar y a punto de dar a luz.

Y así aplicaba las manos sobre Tabitha, sobre todo en la zona del vientre. Le sorprendió ver lo predispuesta que estaba una gatita callejera a que un extraño la tocase en un lugar tan vulnerable. Hoy por hoy, Tabitha todavía se tumba bocarriba frente a ella, permitiéndole tocar su barriga. «Mientras trabajaba pensaba en ella —recordaba—. Sabía lo que me esperaba al volver a casa. Y le pedí que, por favor, esperase hasta mi día libre para dar a luz».

Y así fue. Un viernes, día libre de Patricia, Tabitha trotó hasta la cocina, se instaló en un rincón y empezó el parto. Era la primera vez que Patricia experimentaba algo así, y el proceso le pareció mágico: uno a uno, seis pequeños gatitos salieron del cuerpo de Tabitha. Durante las semanas siguientes fue testigo de la primera respiración de los gatitos y de otras experiencias maravillosas, como los primeros pasos o el momento en que por fin abrieron los ojos.

La casa se había llenado de vida: seis pequeños gatitos saltaban, correteaban y se tiraban de la cola, todo bajo la supervisión de la paciente Tabitha. La nueva familia gatuna demostró a Patricia que su propósito en la vida era trabajar con animales, y además le brindó la oportunidad de practicar reiki a diario.

Compartir nuestra vida con un animal —o, en este caso, con toda una familia de amigos peludos— requiere esfuerzo y cierto grado de compromiso, pero nuestra protagonista estaba dispuesta a eso y más. Era algo que creía haber dejado atrás, que solo había sido una idea infantil. Ahora había recuperado esa ilusión. Los amigos cuyas mascotas había cuidado a lo largo de los años estaban más que contentos de poder devolverle el favor cuando necesitaba ayuda. Gracias a ello, pudo incluir en su vida no solo a Tabitha, sino también a sus pequeños.

«Todo el mundo me preguntaba cuándo iba a dar en adopción a los gatitos, pero, si soy sincera, nunca consideré en serio la posibilidad», admitía Patricia. Estaba viviendo el sueño de su infancia de jugar con gatitos todo el día, y la idea de separar a Tabitha de sus bebés le resultaba desgarradora. La pequeña tigresa había hecho todo lo posible para traer a sus cachorros sanos y salvos a este mundo; lo mínimo que podía hacer era mantenerlos unidos.

Con el tiempo, Tabitha y los pequeños gatitos se convirtieron no solo en su familia, sino también en su mayor catalizador de energía blanca universal. Vivir con una camada de cachorros no siempre fue fácil, pero Patricia disfrutó de cada minuto. «Han sido grandes maestros —aseveraba, emocionada—. No podría describir con palabras lo maravillosa que ha sido la experiencia». Al cabo de poco tiempo tomó una decisión que cambiaría su vida para siempre. Dejó el trabajo y puso en marcha su propio negocio de terapias de reiki y comunicación animal.

El reiki, una práctica desarrollada en Japón durante los años veinte del siglo pasado por Mikao Usui, es una forma de curación energética que trabaja el cuerpo, la mente y el espíritu de la persona que lo recibe con el fin de fomentar la autosanación. Se sabe que los tratamientos de reiki alivian el estrés y el dolor, inducen a la relajación, liberan bloqueos emocionales, reequilibran el cuerpo sutil y refuerzan otras prácticas médicas u holísticas.

Al llevar a cabo un tratamiento, el maestro de reiki transmite energía vibratoria curativa a la persona que lo recibe. Algunos consideran que el reiki con animales está más cerca de ser un modo de meditación que un ejercicio de sanación para aliviar los males de nuestras mascotas. No obstante, este método se está abriendo paso en el seno de la comunidad médica. Algunos centros hospitalarios de reconocido prestigio en Estados Unidos ofrecen a sus pacientes tratamientos de reiki mientras estudian sus múltiples beneficios.

La nueva trayectoria profesional de Patricia era atrevida y emocionante, puede que incluso un poco imprudente, pero de alguna manera sentía que había tomado la decisión correcta y en el momento oportuno. Después de adoptar a Tabitha y los gatitos, aquel cambio de rumbo en su vida le pareció aún más oportuno. Y nunca se arrepintió.

Tabitha llegó a la vida de Patricia en agosto, cuando a esta le faltaban dos meses para finalizar el curso de maestría en reiki. Enseguida se dio cuenta de que su nueva familia era la destinataria ideal para ejercitar esta práctica espiritual en casa. Gracias al tiempo que pasó con ellos también aprendió a comunicarse telepáticamente con los animales. Cuanto más se familiarizaba con su campo de energía, más información recibía de sus queridos felinos.

Los animales, por naturaleza, son más sensibles a la energía, tanto positiva como negativa, que constituye una parte esencial de su modo de interpretar el mundo y evaluar el entorno. Practicar con la mente abierta nos dará la oportunidad de escuchar en profundidad a nuestros amigos peludos, además de hacernos más receptivos a la sabiduría espiritual y a la energía sanadora que pueden proporcionarnos.

Mientras rememoraba los días que siguieron al nacimiento de los gatitos, Patricia contaba lo siguiente: «Fueron los mejores días de mi vida. Eran libres. Se dejaban guiar por el instinto y no tenían miedo a nada». Los describió como sus «pequeños medidores de energía»; la ayudaban a saber cuándo necesitaba conectar con la madre tierra o purificar los chakras. Espejos y maestros, la impulsaron a trabajar en todo aquello que necesitaba mejorar.

Después de varias conversaciones esclarecedoras, una noche, gata y dueña tuvieron una experiencia comunicativa que

Patricia no olvidará jamás. Estaban sentadas en el sofá, tranquilas y en silencio, como cada noche —los gatitos dormían en otra parte de la casa—, cuando Tabitha empezó a mostrarle detalles de su vida en la calle. Patricia lo describió como si hubiera visto un cortometraje en otra lengua, pero que, de alguna manera, había logrado entender. Las imágenes se sucedían a gran velocidad, demasiado rápido para analizarlas una a una, pero todas dejaron una huella indeleble en su memoria y le sirvieron para entender lo que Tabitha había experimentado antes de conocerla.

Los gatos desempeñan un papel esencial en la misión de Patricia. Sabe que está aquí para proteger a los animales, así como para ayudar a sus dueños a comprenderlos mejor y a conectar con el mundo energético.

«Hasta que no llegaron Tabitha y, poco después, los gatitos, no fui capaz de ver cómo los acontecimientos de mi vida me iban conduciendo hasta el punto exacto en el que estoy ahora —concluía Patricia—. ¡Es tan emocionante saber que por fin estoy preparada para aprender de nuestros grandes maestros animales!».

Lección

Todos tenemos sueños y muchos estamos dispuestos a lo que sea con tal de cumplirlos, sin embargo, a veces la vida se interpone. Perseguir nuestros deseos puede ser aterrador, un camino difícil; a veces incluso nos vemos obligados a relegarlos a un segundo plano o los olvidamos en aras de ser «prácticos». Pero los sueños se cumplen, aunque no de la forma que esperábamos. Los animales con frecuencia forman parte del plan divino que rige nuestras vidas. A veces necesitamos que nuestros compañeros peludos nos den un empujón para darnos cuenta de qué sueños atesoramos en lo más profundo de la mente y el corazón, que tienen su razón de ser, que podemos —y debemos— perseguirlos porque es el modo de alcanzar nuestro destino y puede que también de ayudar a otros a conseguir el suyo.

Tabitha y sus gatitos cambiaron radicalmente la vida de Patricia. La enseñaron a vivir el momento, a dejar que algunas cosas se escapasen de su control y a disfrutar del día a día tal y como se presentase. La ayudaron a creer en la magia del universo. A partir de entonces, conceptos sobre los que había albergado grandes dudas durante mucho tiempo se convirtieron en principios obvios, naturales a la existencia. Patricia comprendió en profundidad el funcionamiento del universo, lo que la impulsó a desempeñar el propósito para el cual había nacido. Cuanto más tiempo pasaba junto a sus amigos felinos, con más claridad podía definir sus objetivos personales y su camino en la vida; algo que al principio le parecía imposible poner en práctica. Conocer a Tabitha fue el detonante que necesitaba para comenzar su viaje.

Reflexiones

Evoca un momento en que, de algún modo, seguiste las indicaciones de un compañero animal que te invitaba a seguir tus anhelos más profundos.

1. ¿Alguna vez te ha alentado un compañero animal a perseguir tus objetivos?

2. ¿Cómo te indujo a ello?
3. ¿De qué modo consideras que esa experiencia cambió tu vida?

Ejercicio: interpretar mensajes

Como fuerza catalizadora, los animales pueden afectar en gran medida a nuestro estado físico y emocional, pero cuando aprendemos no solo a escucharlos, sino también a comprender lo que intentan decirnos, pueden cambiar nuestra vida. Recibir los mensajes de un compañero animal es solo una parte de la comunicación con ellos; interpretarlos es la otra cara de la moneda. En el capítulo trece vimos que los mensajes de nuestros amigos peludos nos pueden llegar de diversas formas: palabras, colores, símbolos, sonidos, olores, sensaciones o conocimiento. Por eso mismo, también pueden interpretarse con métodos diferentes. Como se expuso en el capítulo once, esta información nos puede llegar través de los cuatro sentidos parapsíquicos: la clarividencia, la clariaudiencia, la clarisentencia y la claricognición.

Cuando practiques la comunicación presta mucha atención a la forma en que tu compañero animal se presenta ante ti y el modo en que presenta el mensaje. Cuando te muestre algo intenta interpretar las cosas desde su perspectiva. Recuerda que, si son mucho más pequeños que tú o están tumbados, las imágenes que a ellos les resulten grandes puede que a ti no tanto y viceversa.

Si el mensaje es auditivo, presta atención a los detalles. Puede ser tu propia voz interior u otra completamente diferente. También puede tratarse de sonidos no verbales, como un golpe, un trueno o incluso música. Su significado será único para ti y tu compañero animal.

A menudo, cuando mis alumnos creen que no reciben mensajes de un compañero animal es porque no han sabido interpretarlo. Si no entendemos lo que intentan decirnos a la primera, siempre podemos pedirles que nos lo aclaren o que nos envíen otra información.

Aprender a comunicarnos con nuestros compañeros animales de esta manera es todo un reto, pero te animo a intentarlo hasta que la experiencia sea satisfactoria. Celebra cada pequeño logro y refuerza esta práctica con nuevas sesiones de comunicación.

Con el fin de ayudarte a desentrañar el verdadero significado de los mensajes que te envía tu compañero, te incluyo un ejemplo de un intercambio comunicativo que tuve con un perro y de cómo conseguí llegar a comprender lo que quería transmitirme, que era bastante fácil de malinterpretar.

Unas décadas atrás trabajé con una mujer llamada Joanie, que deseaba encontrar el modo de ayudar a Wyatt, su boyero de Flandes. El perro tenía diversos problemas de salud y debía tomar cinco tipos de medicación al día. Cuando conecté con él, de inmediato me mostró un corazón de un intenso color rojo avanzando hacia mí, hasta que se partió por la mitad. Lo más lógico habría sido pensar que se trataba de un problema de corazón —del suyo o el de otra persona—, pero el instinto me decía que siguiera indagando.

Joanie quedó sorprendida cuando le hablé sobre el corazón, ya que acababa de añadir a su colección de obras de arte una nueva y hermosa escultura de vidrio rojo con forma de corazón. Le pregunté si Wyatt pasaba tiempo alrededor de la escultura, pero Joanie dijo: «No. Es como un elefante en una cacharrería, y esta pieza es muy valiosa, así que está en una habitación a la que no tiene acceso». Tampoco sentí que la energía de Wyatt estuviera conectada al corazón de vidrio rojo de alguna manera, de modo que seguía sin tener claro el sentido de aquella visión. El animal continuaba mostrándome la misma imagen, cada vez con más insistencia.

Le dije que necesitaba más detalles, de modo que Wyatt me envió otra figura distinta, esta vez de un collar de perro. Entonces pregunté a Joanie si su mascota llevaba uno. De inmediato dijo: «Sí, sí que tiene un collar, y con un colgante de color rojo con forma de corazón. Es el certificado de su vacunación contra la rabia». Wyatt asintió para hacerme saber que íbamos por el buen camino. Me dijo que no quería recibir más vacunas, pues consideraba que eran la causa principal de su mala salud. No soy veterinaria, por lo que no puedo dar consejos médicos, pero transmití a Joanie el mensaje y la animé a consultar con un veterinario holístico al respecto.

En este caso, el 99 % de la comunicación que establecí con Wyatt no se produjo a través del lenguaje, si bien en la mayoría de las sesiones en las que participo el uso de la palabra es lo habitual. Todas las formas de comunicación son igual de poderosas, por lo que es importante estar abiertos a cualquiera de ellas y valorarlas en su totalidad para recibir el mensaje correcto.

En el ejercicio de hoy vas a formular una serie de preguntas a tu compañero animal, así que ten papel y bolígrafo a mano para anotar las respuestas que recibas de él o de ella.

1. Busca un lugar tranquilo, lejos de ruidos y distracciones, donde puedas relajarte sin que nadie te moleste.
2. Reafírmate en tu deseo de comunicarte con tu compañero animal.

3. Confía en que puedes hacerlo y adopta una actitud positiva. Deja entrar en tu mente el primer mensaje que llegue.

4. Reconecta con tu compañero mascota y revisa el ejercicio de comunicación que practicaste en el capítulo trece.

5. ¿De qué forma te llega ese mensaje? ¿Puedes verlo, oírlo, sentirlo? ¿O quizá simplemente tienes la certeza de lo que quiere decir?

6. Si ese mensaje ha llegado a ti a través de la clarividencia, ¿lo ves desde la perspectiva de tu animal o de un modo diferente?

7. ¿Puedes ver a tu compañero? Si es así, ¿cuál es su postura? ¿Lo ves de cuerpo entero o solo una parte? ¿Ves algo que destaque? ¿Parece feliz y comprometido contigo o más bien preocupado y desconectado? ¿Te mira o tiene la cabeza girada hacia otro lado? ¿O quizá te está mostrando algo muy diferente a todo lo anterior?

8. Si, por el contrario, te muestra lo que él ve, ¿de qué se trata? Si se trata de un color o un símbolo, ¿cómo es? ¿Qué significa para ti? ¿Qué sentimientos asocias a ello? Los colores, los símbolos y las imágenes son un lenguaje único para ti y tu compañero animal. Ninguna señal significa lo mismo para dos personas.

9. Si están a tu lado durante la comunicación, ¿percibes algún sentimiento o reacción especial? Ten en cuenta que se trata de un sentimiento, no de algo que puedas ver u oír. ¿Notas una sensación física como el tacto de su pelaje? ¿Sientes su amor? ¿O quizá desagrado por algo concreto?

10. Cuando la información que recibes es en forma de conocimiento, comprender el verdadero significado puede

ser complicado. Aquí interviene la claricognición, es decir, la certeza de conocer algo, aunque no sepamos de dónde nos viene esa intuición. Es como una descarga electrizante de sabiduría que nos envía nuestro amigo animal. ¿Es este tu caso?

11. En el caso de que sea un mensaje auditivo, ¿lo oyes a través de tu propia voz interior u otra diferente? ¿Esa voz es grave y fuerte o mansa y suave? Y el tono ¿es urgente o desenfadado? Lo que escuches no tiene por qué ser una voz; también pueden aparecer otro tipo de sonidos: una risa, el llanto de un bebé o música, entre otros.

12. Recuerda hacer preguntas. Deberás esforzarte por desentrañar el mensaje completo.

13. Si es necesario, vuelve a realizar el ejercicio del capítulo trece. Así podrás reconectar con tu amigo animal y profundizar con más facilidad en la comunicación.

14. Una vez que hayas completado esta práctica no olvides anotar tus impresiones.

15

Perseguir los sueños con determinación

«No hay mayor regalo que puedas dar o recibir que honrar
tu vocación. Es la razón por la que naciste. Y lo que te
hace sentir realmente vivo».

(Oprah Winfrey)

¿Saben los animales lo que necesitamos, lo que nos conviene? Es una pregunta que me hacen a menudo en la consulta, y una parte muy importante de mi trabajo gira en torno a esa cuestión. En lugar de limitarme a dar mi opinión, y continuando con la misma línea que he seguido hasta ahora en este libro, trataré de contestar a esta pregunta exponiendo historias y experiencias de mis clientes. Un relato nos hace revivir sucesos y emociones; algo con lo que nunca podrá competir una simple opinión. Una de esas historias es la de Shelby y Sugar Pie.

Shelby acudió a mí hace unos años, en un momento de su vida de profundos cambios. Era una mujer con éxito profesional en el ámbito de las finanzas. Se había esforzado mucho, primero estudiando y después trabajando, y fruto de todo ello ocupaba un puesto de gran responsabilidad y muy bien remunerado. El problema es que le resultaba completamente insatisfactorio. Como la mayoría, lo soportó durante mucho tiempo. Pero fue dándose cuenta de que quería otra cosa, de que esperaba mucho más del trabajo y de la vida. Fue testigo de cómo algunos de sus amigos eran víctimas de enfermedades como el estrés o la ansiedad provocadas en la mayoría de los casos por presiones laborales. Observó cómo el trabajo se apoderaba de toda su vida sin dejar espacio ni tiempo para ella misma o para las relaciones con otras personas. Algo tenía que cambiar, pero ¿cómo hacerlo?

Después de mucho reflexionar, Shelby se convenció de que el único camino era ganarse la vida haciendo algo que la apasionara, para lo que tuviera talento y, sobre todo, hiciese cantar de alegría a su corazón. «No se trataba solo del trabajo —decía Shelby—, sino de toda mi vida. Dónde vivía, qué hacía en la oficina, cómo invertía el poco tiempo que tenía libre, el modo que me relacionaba con amigos y familiares, todo. No era feliz y sabía que algo tenía que cambiar».

Shelby vivía en Birmingham, Alabama. A pesar de haber crecido también allí, ya no le quedaba ningún familiar con vida en la ciudad, así que no tenía ningún vínculo que la atara a ese lugar. «La gente piensa que Birmingham es una ciudad industrial del sur, al viejo estilo, pero en realidad es un lugar bastante agradable para vivir —continuó—. Pero no era donde yo quería estar. Siempre había soñado con vivir en la playa, despertar cada día con el aire fresco del mar y sentarme cada tarde en el porche a ver la puesta de sol». Mucha personas comparten ese mismo sueño, pero ¿cómo se puede hacer realidad? ¿Cómo disfrutar de una vida plena en todos los sentidos? La respuesta no fue fácil de encontrar y, cuando llegó, lo hizo de una fuente insólita…

Los momentos más placenteros en la vida de Shelby eran los que pasaba en compañía de su conejo, una preciosa bola de pelo blanco llamada Sugar Pie. Llegó a sus manos de casualidad: una amiga del trabajo le había comentado que el conejo de su hermano acababa de tener media docena de crías y que buscaban a alguien que quisiera quedarse con alguno. Casi sin querer fue a verlos y no pudo evitar enamorarse de inmediato de uno de ellos, Sugar Pie, al que se llevó a casa ese mismo día. Desde entonces habían pasado más de cinco años. Durante todo ese tiempo, la conexión entre ambos fue creciendo con fuerza. Shelby se había acostumbrado a confiar sus sentimientos y secretos más íntimos a Sugar Pie. El conejo se había convertido en su salvavidas, el lugar al que acudía cuando estaba más estresada o desdichada se sentía. Quizá los demás pensaran que era una tontería hablarle así a un conejito, pero Sugar Pie conocía el corazón y el alma de Shelby y siempre estaba dispuesto a escuchar. Para Shelby era reconfortante compartir con su mascota sus sueños y también las preocupaciones. Se sentía mucho mejor al instante y las respuestas que buscaba parecían no tardar en llegar.

Ese sentimiento es algo común entre mis clientes, sobre todo antes de ponerse en contacto conmigo. La mayoría de ellos han pasado mucho tiempo, a veces años, hablando con sus mascotas, compartiendo con ellas pensamientos y sentimientos. Lo hacen sin saber la trascendencia que esa comunicación tiene para los animales. Lo hacen sin darle importancia, sin creer demasiado en la comunicación animal. Lo hacen porque eso los reconforta, pero surge una duda en sus mentes sobre si el intercambio es real o solo algo que imaginan para sentirse mejor.

Así que, un día, por capricho, Shelby se puso en contacto conmigo para realizar una serie de sesiones. Se había pasado los últimos cinco años contándole a Sugar Pie todas sus intimidades y había llegado el momento de averiguar lo que tenía que decir. Al igual que muchos de mis clientes, tenía cierta desconfianza cuando hablamos por primera vez, pero, al mismo tiempo, se sentía tan cercana a Sugar Pie que estaba dispuesta a aceptar cualquier información que pudiera darle.

La conexión que establezco con los animales varía de uno a otro; en el caso de Sugar Pie, en cuanto me puse en contacto con él recibí un torrente de información. Tenía mucho que compartir y estaba decidido a aprovechar la oportunidad para hacer saber a Shelby lo que pensaba. Lo primero que me transmitió fue lo mucho que le preocupaba el estrés y la infelicidad que el trabajo le aportaba a Shelby. Recalcó la necesidad de que buscara otro trabajo, un modo de vida que la apasionara. Cuando le trasladé esto a Shelby, se le dibujó una enorme sonrisa en la cara y respiró profundamente, aliviada: era la confirmación que quería. Después me dijo que necesitaba un poco de tiempo para asimilar todo aquello, una reacción habitual de quien pasa por esta experiencia.

Tras una semana concertamos una segunda sesión. Sugar Pie insistió en el tema de la carrera de Shelby. Esta vez fue aún más persistente y preciso. No solo habló de un cambio, sino que sugirió algo concreto que podía hacer: abrir una tienda de regalos.

Cuando se lo conté a Shelby, saltó como un resorte. «¿De verdad ha dicho eso? —preguntó jadeando y con los ojos desorbitados por el asombro.

—Él insiste —respondí.

—Es increíble —dijo Shelby—. Esa ha sido una fantasía mía desde que tengo memoria, pero nunca la he compartido con nadie...

—Sugar Pie lo sabía —le aseguré.

Shelby admitió que nunca se había planteado intentarlo: parecía una idea frívola y le daba miedo fracasar o que la gente pensara que era una tontería. «¿Cómo sabía Sugar Pie que este era mi sueño secreto?», se preguntaba Shelby una y otra vez.

A medida que avanzábamos, cada vez era más patente que el anhelo de Sugar Pie era que Shelby consiguiera ganarse la vida con alguna actividad que le permitiera al mismo tiempo disfrutar de la vida y convertirse en la persona que quería ser. «No el arquetipo de trabajo duro, con gran responsabilidad y muy bien remunerado que siempre había creído condición necesaria para el éxito —relataba Shelby—, sino algo que me permitiera divertirme y expresar mi creatividad como parte de ese trabajo y así alcanzar el tipo de satisfacción que buscaba».

Sugar Pie tampoco pasó por alto el otro gran sueño de Shelby: vivir cerca del mar. Le pidió valentía para dar el paso y hacer realidad cada ilusión que albergaba en el corazón.

Después de meditarlo, Shelby decidió dar el gran salto siguiendo los consejos de Sugar Pie. «Desde el mismo instante que fui conocedora del mensaje de mi mascota supe lo que tenía que hacer —me dijo—. Era tan extraordinario que Sugar Pie hubiera dado en el clavo de ese modo tan rotundo que no era posible ignorarlo».

Por supuesto, un cambio tan drástico como aquel requiere mucha planificación y también mucho valor. Por eso, en cada decisión, Shelby contaba con Sugar Pie. «Las sesiones en las que me comunicaba con mi conejito me infundían muchísima confianza —continuaba Shelby—. Siempre sentí una conexión sólida con él, pero ahora lo que tenía era una confianza plena. Lo hablaba todo con él y escuchaba confiada la respuesta, que siempre coincidía con el pálpito que venía de mi interior».

Después de mucho buscar, Shelby se decidió por Fairhope, Alabama, para crear su nuevo hogar. Es una ciudad vibrante, de unos quince mil habitantes situada en la costa del golfo de Alabama, conocida desde hace tiempo por sus preciosos parques y sus amplias vistas panorámicas de la bahía de Mobile. Sus habitantes tienen, por lo general, un fuerte sentimiento de pertenencia a esa comunidad, está salpicada de un sinfín de tiendas pintorescas y, lo más importante para Shelby, tiene mar. «Me enamoré de Fairhope la primera vez que Sugar Pie y yo la visitamos —recordaba—. Tomé la decisión cuando vi la primera puesta de sol. Mientras la contemplaba me invadió una sensación de paz tan grande que supe que este era el lugar. Costara lo que costase, era el sitio ideal para él y para mí».

Tras unos meses de preparativos, Shelby y Sugar Pie pusieron rumbo a Fairhope. Viajaban en una camioneta, con todas las posesiones de Shelby en la parte trasera y Sugar Pie metido en una jaula sobre el asiento del copiloto. A pesar del nudo que sentía en el estómago ante el vuelco radical que estaba a punto de dar su vida, tenía el presentimiento de que las cosas saldrían bien. A medida que se alejaba del apartamento, el estrés que la consumía se iba desvaneciendo; se sentía como una serpiente que muda la piel vieja. Conducía por la I-65 con una sonrisa en la cara, cantando las melodías que sonaban en la radio, feliz con Sugar Pie a su lado.

Shelby ya había elegido el lugar donde iba a estar la tienda. En solo unas semanas había conseguido inaugurar el negocio.

¿Y cómo llamó a su nueva tienda? ¡Sugar Pie's Gift Boutique, por supuesto! «Nunca me atreví a contar a nadie cómo había surgido la idea —dijo con una sonrisa—, pero sabía que tenía que intentarlo y, desde entonces, nunca he mirado atrás. No puedo creer lo feliz que soy desde que Sugar Pie me empujó a conquistar mis sueños».

No solo disfruta cada minuto, sino que ha tenido mucho éxito. Naturalmente, a Shelby le preocupaba abandonar la seguridad que le proporcionaba su antiguo trabajo como financiera, pero, por fortuna, la tienda prosperó. «En dos años, ganaba más dinero que antes —me reveló—. ¿Quién lo hubiera imaginado?».

De hecho, el negocio funcionó bien desde el primer día. Fairhope atrae a miles de visitantes cada año, desde jugadores de golf hasta *snowbirds* —norteños que buscan un lugar cálido para pasar el invierno—, y todos ellos tropezaban antes o después con la tienda de regalos. En pocos meses, Shelby consiguió no solo ser la propietaria de un negocio floreciente, sino también ser un miembro querido entre la comunidad de vecinos. Al final de cada día disfrutaba del gran momento cuando, sentada en el balcón del pequeño apartamento, con Sugar Pie saltándole entre los pies, contemplaba la puesta de sol.

La idea también resultó ser un buen negocio para Sugar Pie. No solo tiene una tienda con su nombre, sino que además pasa muchos días en ella, instalado en su nueva y elegante conejera desde la que hace compañía a Shelby y se entretiene saludando a los clientes de Sugar Pie's Gift Boutique.

«Se ha convertido en una especie de ritual —decía Shelby—. Cuando necesito un consejo, se lo pido a Sugar Pie». El procedimiento siempre es el mismo. Después del trabajo, van a casa y cenan. A continuación salen juntas al balcón, Shelby se sienta y toma un té helado mientras Sugar Pie mordisquea una zanahoria. Entonces le cuenta lo que la preocupa o lo que planea hacer. Es curioso que, mientras Shelby habla a Sugar Pie, este siempre permanece a su lado, atento, mientras que en otras ocasiones pasa el tiempo correteando de un rincón a otro de la casa, saliendo y entrando del balcón. «Es difícil explicar con exactitud cómo nos comunicamos —añadió—. Supongo que podría describirlo como un proceso de apertura por mi parte. Le digo lo que estoy pensando y luego intento relajarme. Me tomo la bebida, admiro la puesta de sol, respiro el aire fresco y salado, y, después de un rato, la respuesta viene a mí y sé qué hacer».

Para Shelby, el traslado no supuso solo un nuevo trabajo o una nueva ciudad, sino un cambio de vida completo, con amigos y vida nuevos. «A veces, cuando miro atrás, no puedo creer que las cosas hayan cambiado tanto —admitía—. Me lancé y transformé todo siguiendo los consejos de Sugar Pie. Me parece una locura incluso a mí —dijo riéndose—, pero no lo habría conseguido de otra manera. En el fondo de mi corazón sé que todo se lo debo a Sugar Pie. Estaba confusa, perdida, insegura, y Sugar Pie lo sabía».

Lección

Los cambios importantes pueden ser abrumadores para algunos y emocionantes para otros. Si formamos parte del primer grupo, aunque seamos conscientes de la necesidad de esos cambios, lo más probable es que no sepamos qué es lo que debemos cambiar o tengamos miedo de poner en práctica esos cambios. ¿Y si nuestros compañeros animales saben lo que necesitamos, cómo hacerlo y, sobre todo, que eso dará buenos resultados? ¿Y si su sabiduría puede ayudarnos a encontrar nuestra pasión, vocación y propósito aunque nosotros no lo sepamos o nos neguemos a aceptarlo? El hecho es que nuestros compañeros animales nos conocen bien, a veces mejor que nosotros mismos. Si se lo permitimos, pueden guiarnos en la dirección que nos conduzca a una vida más plena. Invertir tiempo en escuchar y detectar los consejos de nuestros amigos animales puede significar la diferencia entre la felicidad y la frustración, la satisfacción y el vacío. Cuando reconozcamos y aceptemos el regalo que nos ofrecen, estaremos preparados para alcanzar nuestro destino y conquistar nuestros sueños.

A Shelby, como a muchos de nosotros, le daba vértigo correr tras ese sueño. Es comprensible, porque aventurarse en algo nuevo con el riesgo de que salga mal, o incluso muy mal, puede ser abrumador. Pero nuestros animales tienen la sabiduría suficiente no solo para ayudarnos a dar el salto de fe hacia nuestra pasión, vocación y propósito, sino también para alcanzar una vida plena y feliz. ¿Cómo rechazar una oportunidad así?

Reflexiones

Busca algún momento en el que un animal te infundiera valor para tomar el camino en dirección a uno de tus sueños.

1. ¿Has tenido alguna vez la sensación de que un sueño que parecía inalcanzable haya parecido de pronto asequible gracias a la inspiración proporcionada por un amigo animal?

2. Después de sentir esa iluminación, ¿notaste si se allanó el camino o las circunstancias eran más adecuadas para alcanzar tu deseo?

3. ¿Qué acciones te inspiraron y cuáles fueron los resultados?

Ejercicio: abrirse a su inspiración

Podemos comunicarnos con nuestros animales para que nos ayuden a perseguir los sueños y las inclinaciones más descabelladas que guardamos en nuestros corazones. Asimilar los consejos que nos dan para hacer cambios importantes y, sobre todo, ponerlos en marcha, supone un acto de fe y un cambio de percepción sobre los acontecimientos de la vida

En muchas ocasiones, solo mirando atrás, podemos comprobar la influencia que un animal ha ejercido en la transformación de nuestra vida. Por eso, para este ejercicio, conviene que pienses en un animal que ya no está contigo sobre la tierra o también en uno que te haya acompañado durante muchos años. No importa si crees que te ayudó a avanzar en la búsqueda de tu pasión, que te empujó hacia la llamada que oías desde tu interior o que te dio el coraje para iniciar los cambios deseados; en cualquier caso, su sabiduría es inestimable.

Concienciarnos de este proceso exige, por un lado, bucear en nuestra capacidad de conectar y comunicarnos con los animales y, por otro, analizar con detalle el desarrollo vital que hemos obtenido como resultado de compartir el tiempo con nuestros amigos animales.

En este ejercicio introduciremos algo nuevo: vamos a pedir ayuda a tu yo superior, la expresión más pura y elevada de tu alma, así como a tus guías y ayudantes del reino invisible, incluyendo los espíritus de los seres queridos que están en el otro lado —tanto humanos como animales—. Todos tenemos un grupo de seres benévolos —un equipo de sanación— que está esperando nuestra llamada de apoyo. Ellos te ayudarán a utilizar tus dones para la comunicación animal.

1. Busca un lugar tranquilo, lejos de ruidos y distracciones, donde puedas relajarte sin que nadie te moleste.
2. Empieza por tomar una postura adecuada. Descruza los brazos y las piernas, endereza la espalda y ponte cómodo, ya sea tumbado o sentado.
3. Realiza dos respiraciones profundas y purificadoras: inhala por la nariz y exhala por la boca. Mientras tomas aire piensa que estás absorbiendo la energía curativa de la luz blanca universal y que, cuando exhalas, expulsas todas las preocupaciones, temores o dudas que puedas tener.
4. Elige la mascota con la que te gustaría conectar.
5. Ahora piensa en una corriente de luz blanca acudiendo a ti que, poco a poco, se introduce en el chakra de la coronilla. Después imagina que esa energía va descendiendo por tu cuerpo mientras ilumina el resto de los chakras hasta salir por el coxis y la planta de los pies.
6. Visualízate conectando tu campo energético con la tierra como lo hiciste en los ejercicios anteriores.
7. En este momento estás conectado, arriba con el padre cielo y abajo con la madre tierra.
8. Imagina el centro de tu corazón abierto por completo y receptivo a la información que tu compañero animal

tiene que compartir contigo —como hiciste en los ejercicios anteriores—.

9. A continuación concéntrate en la pirámide telepática de Jiggs, cuyos vértices están situados en el chakra de tu tercer ojo y los chakras de tu corazón y de tu animal.

10. Invoca a tu yo superior para que te ayude a conectar con el amigo animal que has elegido.

11. Llama a los seres queridos del otro lado, ya sean humanos o animales, para que te asistan en esta experiencia.

12. Pide auxilio al reino angelical o a algún arcángel en particular con el que tengas afinidad.

13. Pídele a tu amigo animal que acuda y te haga ver o te cuente cómo te ayudó a transformarte durante el tiempo que estuvo contigo. Puede ser un animal que haya cruzado o uno que en la actualidad esté en el plano terrestre.

14. Fija la atención en el corazón, relájate y estate receptivo a cualquier información que percibas.

15. El mensaje o la imagen que recibas puede ser fugaz, como un flas, así que estate muy atento para poder reconocer una información de cualquier tipo —esa primera impresión es lo que se busca—.

16. Sea cual sea la información que recibas, por pequeña o insignificante que parezca, ¡agradécela siempre de todo corazón! Haz lo posible por confiar y creer en ella.

17. Puede que oigas palabras dentro de tu cabeza —a través de tu propia voz o de otra completamente desconocida—, que veas imágenes o que recibas impresiones o «conocimientos».

18. Deja que cualquier información que recibas fluya a través de ti, que se asiente; aunque no comprendas su

significado en este momento, con el tiempo cobrará sentido.

19. Da las gracias a tu animal por el tiempo que pasa contigo.

20. Siente el contacto del suelo bajo los pies, haz un par de respiraciones profundas y vuelve al presente.

Te animo a que vuelvas a realizar este ejercicio a menudo para abrirte aún más al cambio que nos inspiran nuestros compañeros animales.

Parte VI

Los animales como puentes

16

Un mensaje del más allá

«Todo lo que nos pertenece llega a nosotros si desarrollamos la capacidad para recibirlo».

(Rabindranath Tagore)

Zoe, una de mis clientas habituales, tenía una pastora alemana de edad avanzada llamada Sasha a la que quería muchísimo. Dos semanas después de su muerte, la mujer se puso en contacto conmigo. Con gran pesar me habló sobre el fallecimiento del animal y me reveló que se sentía desolada porque todavía no había recibido una sola señal de su querida pastora desde el reino invisible que le hiciese saber que se encontraba bien.

Le dije que lamentaba mucho lo que estaba pasando. Sé de primera mano lo desgarrador que puede ser perder a un compañero animal tan especial como Sasha. Si bien estar en contacto con las mascotas fallecidas es una forma eficaz de aliviar una parte de ese dolor, la ausencia total de la comunicación con ellas puede empeorar las cosas. Aconsejé a Zoe que fuera paciente, que no desesperase. Con frecuencia es nuestro propio dolor el que bloquea las señales que nuestros compañeros intentan enviarnos desde el más allá. «Esos mensajes llegarán con el tiempo», le aseguré.

Zoe y Sasha tenían una relación muy especial. Era su alma gemela. Se conocieron un día en que Zoe se había desplazado hasta un albergue con la intención de adoptar a otro un perro, pero los cuidadores le pidieron que primero echase un vistazo a Sasha. Era una radiante mañana de junio y los rayos del sol le acariciaron el rostro al bajarse del coche. En ese momento, Sasha atravesó el patio, derrapando hasta detenerse justo delante de ella. Era como si supiera que había ido allí para conocerla.

Zoe se arrodilló para verla de cerca. Entonces, Sasha le colocó una pata sobre la mano antes de lamérsela con cariño. Cuando sus ojos se encontraron, Zoe supo que no necesitaba seguir buscando. Había bastado una sola mirada para quedar prendada de ella. Aquel día fue el comienzo de una relación llena de amor y cariño que duró siete años.

Sasha sirvió de consuelo a Zoe, que aún lloraba la reciente pérdida de su compañero anterior, Beamer. Desde el principio, la pastora alemana fue consciente de las necesidades de su dueña. Por aquel entonces, Zoe estudiaba comunicación animal, y Sasha se acostumbró a sentarse siempre a su lado mientras ponía al día los apuntes o hacía las tareas necesarias. Enseguida se convirtieron en almas inseparables. No importaba si estaba triste o contenta, si reía o lloraba; Sasha siempre estaba cerca. Cuando Zoe caminaba de una habitación a otra, Sasha la seguía. También dormían juntas y, por las mañanas, la pastora nunca bajaba las escaleras sin Zoe; no importaba lo tarde que se levantara.

No tenían secretos: se lo contaban todo y confiaban por completo la una en la otra. Uno de los mayores sueños de Zoe era mudarse a Arizona. Y cuando en octubre de 2015 finalmente se dispuso a empezar la vida que siempre había querido, Sasha también estuvo a su lado.

Sasha también salvó a Zoe de arruinar su vida personal. Estaba a punto de dar un paso en falso, cuando la pastora le hizo saber que estaba lista para irse el 12 de octubre de 2018. El momento fue preciso porque obligó a Zoe a pararse a reflexionar. Gracias a ello, tomó la decisión adecuada. Por eso, el silencio de Sasha durante las primeras semanas tras su fallecimiento le preocupaba tanto.

Unas dos semanas después de nuestra primera conversación, Zoe contactó de nuevo conmigo; esta vez, estaba feliz, aunque tenía algunas preguntas: «Anoche, Sasha me visitó en sueños —dijo—. En el crematorio me entregaban sus cenizas en una sencilla caja marrón. Cuando la abrí, el cuerpo de mi querida pastora estaba allí, intacto por fuera pero vacío por dentro, como una funda de piel. Acto seguido, la agarré y me envolví en ella como si fuese una cálida manta». Mi compañera no dejaba de preguntarse cuál era el sentido del sueño.

A través de aquellas imágenes oníricas, Sasha le hizo saber a Zoe que, a pesar de que ya no disponía de un cuerpo físico, seguía a su lado, abrazándola desde el reino invisible como una cálida brisa de verano. Siempre estaría allí para proporcionarle consuelo cuando lo necesitase. Fue una metáfora preciosa, una conexión mágica. Aunque el dolor seguía atenazándola por la pérdida, Zoe se emocionó al saber que su querida amiga estaba bien y todavía era capaz de cuidar de ella desde el otro lado.

Muchos de mis clientes afirman que saber que un compañero animal continúa a su lado tras la partida, que está sano y salvo es uno de los regalos más bellos e íntimos que pueden recibir. Es magnífico que su mascota continúe ayudándolos de tantas formas desde el otro lado.

Uno de los conocimientos más importantes que transmito a mis estudiantes es precisamente ese, que el amor que compartimos con un compañero animal no termina con su desaparición del plano físico. Mi objetivo es ayudar tanto a estudiantes como a clientes a descubrir cómo los animales conectan con nosotros desde el otro lado para hacernos saber que están bien. Esto permite a las personas escuchar mensajes conmovedores y experimentar el más allá. También les enseño cómo un compañero animal despeja el camino desde el otro lado con el fin de conducirnos hacia el éxito, responder dudas o ayudarnos a cumplir nuestros sueños.

He observado que, con frecuencia, los animales permanecen ligados a nosotros después de cruzar al otro lado. Es más fácil y habitual que podamos seguir sintiendo a nuestro lado a los animales que acaban de morir. Sin embargo, las mascotas continúan visitándonos y comunicándose con nosotros también mucho después de haber pasado al plano astral.

Un hecho importante que recuerdo a mis clientes es que debemos adoptar una actitud abierta si queremos advertir las señales que nos llegan del más allá, así como sanar parte del dolor que se ha instalado en nosotros tras la muerte de un amigo animal. Tras su partida, las mascotas se pueden manifestar de múltiples maneras; a menudo a través de fenómenos meteorológicos, como las nubes, el viento, un arcoíris…, o mediante apariciones físicas, como criaturas aladas, lo que incluye aves e insectos. De hecho, mientras escribo estas líneas, Carly, mi difunta y querida perrita maltesa, ha venido a visitarme. Se ha manifestado en una pareja de halcones de cola roja que surca el cielo frente a la ventana de mi oficina. Estaba tan absorta en el trabajo que al principio no reparé en su presencia. Carly quería llamar mi atención, que la mencionase en este capítulo. Estoy segura de ello porque nunca había visto halcones que volasen en círculos alrededor de una misma zona durante tanto tiempo.

Cuando conecto con animales que ya han fallecido, siempre me aseguran que la transición al reino de los espíritus es placentera. La sensación es de liberación, como un águila que surca los cielos en libertad. Lo primero que desean que sus seres queridos sepan es que están bien. Para los animales, la muerte no es algo negativo o a lo que tener miedo. Igual que el nacimiento, constituye una parte natural e inevitable del círculo de la vida. A diferencia de ellos, las personas tememos a la muerte, tanto la propia como la de nuestros seres más allegados.

Puesto que cada persona es diferente, los mensajes que nos envían las almas animales nunca son iguales. He descubierto que existe una línea muy fina entre confiar en que el espíritu de un compañero animal está con nosotros y nos trasmite mensajes con regularidad y sentir que no está en ninguna parte, que se ha olvidado de hablarnos. Por este motivo, cuando mis clientes me llaman para decirme que no han recibido ningún mensaje por parte de un amigo peludo que ya ha cruzado al otro lado, los tranquilizo y les pido que no se preocupen, los animo a esperar un poco más. Los mensajes llegarán con el tiempo si mantienen una actitud abierta.

Otra clienta, Penny, quiso compartir conmigo una historia trágica con un final memorable. Sammy era un pequeño cachorro de labrador con un pelaje dorado y exuberante que apenas tenía dieciocho meses cuando el destino se lo arrebató de las manos. Penny y Sammy se conocieron cuando este acababa de cumplir ocho semanas. Aunque la conexión fue instantánea, Penny le pidió que le hiciera una señal que indicara que era el animal idóneo para acompañarla en la experiencia de la comunicación animal. «Quedé muy sorprendida —recordaba Penny—. Se sentó erguido y me tendió una pata; algo que, por regla general, es difícil de hacer para un cachorro tan pequeño. En ese mismo instante supe que estábamos hechos el uno para el otro».

El 21 de enero de 2018 comenzó como un día cualquiera, pero todo cambió a primera hora de la tarde, cuando Sammy empezó a raspar la puerta para que lo dejase salir. «En varias ocasiones había visto a un halcón de cola roja sobrevolar una cumbre de peñascos que hay justo detrás de casa —explicaba Penny—. Estaba desesperado por perseguirlo, así que abrí la puerta. Como era costumbre, él y los otros cuatro perros salieron disparados en dirección al patio trasero. Ese día, en vez de perseguir al halcón colina abajo junto a los demás, Sammy saltaba desde las cornisas como si se lanzara a una piscina». Mientras lo observaba, Penny pensó que el modo en que Sammy saltaba sobre las rocas era extraño, pero no le dio mayor importancia hasta que vio al halcón sobrevolando el área, cada vez más bajo y en círculos, quizá vigilando algo. Aquello también le extrañó, pero no oyó ni vio nada más fuera de lo normal.

«Al poco rato de soltarlos, los perros empezaron a ladrar, así que los llamé para que volvieran a casa». Sammy fue el último en volver. Cuando lo vio, Penny sintió que todo su mundo se venía abajo. El animal estaba cubierto de sangre, que le brotaba sin parar del pecho. «Lo envolví en una manta y lo llevé a una clínica veterinaria de urgencias sin saber qué había pasado», recordaba.

La veterinaria encontró una herida profunda en el pecho de Sammy. Después de varias radiografías y un análisis de sangre, determinaron que el animal tenía las costillas rotas y un pulmón perforado, además de daños importantes en los tejidos. Lo enviaron directo al quirófano, donde le hicieron varias transfusiones de sangre. Como Sammy aún conservaba un pulmón, tenían la esperanza de que sobreviviera. Sin embargo, el cachorro falleció diez minutos después de haber concluido la cirugía debido a un fallo respiratorio.

Ese mismo día, Penny salió al jardín para intentar averiguar qué había pasado. Cuando llegó a lo alto de la colina reparó en una enorme planta autóctona de tipo cactáceo que tenía una rama partida por la mitad de cuatro centímetros de grosor. Sammy debía de haberse empalado en la planta cuando saltaba por la pendiente. La rama se le había clavado justo debajo de la axila, muy cerca del corazón, lo que le había causado aquel traumatismo fatal. Luego debió de haber regresado al patio, donde se había escondido detrás del calentador de la piscina para estar solo mientras moría desangrado.

En ese momento, Penny no sabía que su querido cachorro se había hecho daño: no hubo gritos, llantos ni ningún otro ruido que la alertara. «A pesar del dolor que sentía, agradecí que Sammy fuese capaz de volver cuando lo llamé. Así no tuvo que morir solo y pude buscar algo de ayuda».

Penny tenía el corazón roto. Como sanadora, esperaba haber podido ayudarlo en la recuperación tras la operación. Después de la partida repentina de Sammy, Penny buscó consuelo en los ángeles, pero no recibió respuesta. Sintió que la habían abandonado en aquel momento de mayor necesidad. Lo único que podía hacer era rezar. Aunque intentaba conectar con Sammy cada día, no era capaz de percibir ninguna señal. Solo escuchaba el silencio.

Sumida en el dolor y la pena, empezó a cuestionar su fe, la confianza en sí misma y las creencias metafísicas en las que basaba su trabajo. «Tengo que admitir —decía— que no estaba segura de querer volver a hablar con los espíritus o los animales e incluso de continuar mi camino espiritual. Empecé a aborrecer ver a los halcones sobrevolar el paisaje: sabía que eran en parte la causa de la muerte de Sammy». En definitiva, Penny estaba a punto de rendirse.

Pasaban las semanas, pero el dolor de Penny no disminuía, así que le pidió a Sammy una vez más que le enviase una señal, que le demostrara que la comunicación animal era real. Estaba tan deprimida que no creía que fuera posible recibir un mensaje de su querido amigo, pero decidió intentarlo de todos modos con lo que se conoce como la «lectura de las llamas de las velas». La lectura de las llamas es un ejercicio que culmina con la aparición de marcas de humo y ceniza sobre el papel. Estas marcas representan imágenes. Contra todo pronóstico, el rostro de Sammy quedó plasmado con pavesa en el papel. Los ojos se le llenaron de lágrimas. Su querido labrador estaba bien y ella recuperaba la fe.

Una semana más tarde, Penny pensaba en su pequeño cachorro mientras conducía. Lo imaginaba sentado en el asiento de atrás cuando, de pronto, un coche con el nombre de Sammy en la matrícula la adelantó. «Fue un milagro —recordaba Penny—. Otra confirmación de que la conexión espiritual era real».

Gracias a las señales que Sammy ha continuado enviándole, Penny considera al halcón uno de sus animales espirituales, cuya función consiste en enseñarla, inspirarla y ayudarla a seguir su camino hacia la luz blanca universal. Cada vez que ve uno en el jardín o mientras conduce, saluda a su dulce Sammy y le pregunta si tiene algún mensaje para ella. «Es sorprendente la cantidad de veces que los halcones de cola roja han aparecido cuando necesitaba ayuda o consejo —decía Penny—. Una prueba más de que mi querido Sammy sigue cuidando de mí».

Entonces, ¿cómo podemos saber si recibimos un mensaje de un amigo animal que ha fallecido? El primer paso es creer que es posible. El siguiente es confiar en que nuestros compañeros animales continuarán ofreciéndonos guía y enseñanzas una vez hayan cruzado al plano astral. Creo que todos podemos aprender a practicar este tipo de comunicación si seguimos uno de los cuatro métodos que expongo a continuación: la comunicación telepática entre especies; la búsqueda o detección de señales que dejan los espíritus —por ejemplo, en los sueños o durante los ratos de meditación—; la ósmosis, y, por último, la consulta a un intuitivo animal, que servirá para abrir los canales de comunicación al mundo espiritual.

Una gran cantidad de personas han manifestado sus reservas con respecto a la comunicación espiritual, pero muchos de los mensajes que he recibido contenían información que no podía conocer; por ejemplo, cuando los animales me cuentan la causa de su muerte o me hablan sobre el reencuentro con sus seres queridos en el otro lado, tanto humanos como animales. En cualquier caso, información que me hubiera sido imposible obtener de otro modo.

Lección

Aunque nuestro compañero animal ya no esté con nosotros en el plano físico, su espíritu permanecerá a nuestro lado después de haber cruzado al reino invisible. Cuando vivimos un periodo de duelo, puede resultar difícil recordar esto, pero, si intentamos comunicarnos con aquellos que han cruzado, recibiremos consuelo y sanación. El amor es más poderoso incluso que la muerte, y los espíritus de nuestros mejores amigos, los animales, permanecerán con nosotros para ayudarnos, enseñarnos y guiarnos a lo largo de la vida.

Nos reconforta saber que están bien, libres; que son felices y que continúan cuidando de nosotros. Lo mejor es que podremos seguir notando su presencia y comunicándonos con ellos. Nuestro amigo peludo continuará siendo el mismo ser que conocimos en el plano terrenal, ese compañero que la voluntad divina eligió para nosotros. Tanto Zoe como Penny intentaron la comunicación y buscaron la confirmación de que su compañero seguía a su lado. En el fondo del corazón sabían que así era. Cuando no recibimos noticias de un amigo animal que ha cruzado al otro lado no significa que se haya marchado para siempre o que esté sufriendo, sino que debemos prestar mucha atención a las señales a nuestro alrededor y esperar al momento adecuado. Si nos fijamos en los detalles más sutiles, los símbolos y las pequeñas sincronicidades, entraremos en un estado más receptivo y agilizaremos el proceso. Puede que esas señales no aparezcan en el momento que esperamos, pero debemos tener fe en el reino espiritual y en los métodos de comunicación del más allá. A pesar del dolor que conlleva la pérdida de un animal querido, su espíritu puede consolarnos de muchas formas.

Reflexiones

Piensa en un compañero animal al que estuvieras profundamente unido, pero que haya cruzado al otro lado.

1. ¿Deseabas recibir una señal para cerciorarte de que estaba sano y salvo?
2. ¿Has recibido algún mensaje suyo?
3. En caso de que sea así, ¿te ha aportado tranquilidad y consuelo?

Ejercicio: canalizar las señales del reino invisible

Los mensajes que recibimos de la esfera espiritual de nuestros amigos los animales no solo son reconfortantes, también nos ayudan a asimilar su transición del plano físico al reino invisible. Nos demuestran que la muerte como tal no existe y que el amor que compartimos con los animales, así como las conexiones profundas que establecemos con ellos, sobreviven al final de la materia.

Si un amigo animal ha cruzado al otro lado y estás buscando una señal que te asegure que está bien, que aún sigue a tu lado, un paso importante es comunicarte con él del mismo modo en que lo harías si siguiera en el mundo terrenal. Te animo a intentarlo en voz alta o mediante la visualización y la meditación. Tu compañero animal te escuchará de cualquier manera. A continuación, espera y presta atención a cualquier detalle. Esto no significa que nuestros compañeros no nos envíen señales a menos que se lo pidamos; pero, cuanto más nos involucremos de forma consciente en el proceso, más propensos seremos a percibir estos mensajes.

Algunas señales —unas más comunes que otras— que he recibido de animales en el otro lado son fallos eléctricos —por ejemplo, el parpadeo de una luz o el cambio repentino del canal del televisor—, nubes con una forma especial... En otras ocasiones he visto a mis compañeros animales por el rabillo del ojo o he tenido sueños vívidos con ellos; a veces puede ser un ladrido o un relincho en la noche, o apreciar la estela de una huella sobre un edredón mullido. También he encontrado plumas y monedas enviadas por ellos, avistado un ave —como un halcón de cola roja o un cardenal—, sabiendo al instante que se trataba de un viejo amigo, e incluso me he dado cuenta de que un viejo compañero habitaba el cuerpo de otro animal, a veces solo por un breve periodo de tiempo.

1. Ahora que estás más familiarizado con la comunicación espiritual escribe en un papel cualquier experiencia que hayas tenido en la que creas que un compañero animal intentaba enviarte una señal desde el reino invisible. Tómate el tiempo que necesites.
2. Si esa señal permanece en tu conciencia, es posible que se trate de un mensaje.
3. Tómate un momento para sintonizar con el alma de un amigo animal que haya cruzado al otro lado y pídele que te envíe una señal.
4. Ten la convicción de que la señal será enviada y permanece alerta.
5. Deja que cualquier información que recibas fluya a través de ti y que se asiente. Después analiza su significado.

Espero que este ejercicio te abra nuevas posibilidades en el plano espiritual y con tus animales más queridos. Si te encuentras en las primeras etapas del duelo después de su transición al reino invisible y estás bloqueado por el dolor de la pérdida, esto puede anular tu capacidad para percibir señales. Sé amable contigo mismo y permítete sanar antes de recibir su mensaje.

17

Superar la pérdida

«Los que más nos enseñan sobre la humanidad
no siempre son humanos».

(Donald Hicks)

A lo largo de mi vida profesional, he observado con mucha frecuencia que los animales llegan a la vida de las personas en momentos concretos y por razones muy precisas. Puede que, en un principio, esto no nos parezca tan obvio e incluso que en apariencia sea el momento más inoportuno. Pero a medida que vamos conociendo a nuestro nuevo compañero y se va haciendo más estrecha la conexión, nuestra experiencia juntos puede ser algo extraordinario y cambiarnos la vida en la medida y el momento exacto en que lo necesitábamos. Eso fue sin duda lo que le ocurrió a Carys.

Estaba pasando por un periodo marcado por una gran tristeza que duraba más de siete meses, cuando un día descubrió un gatito negro escondido bajo el remolque que maullaba con todas sus fuerzas. Era un cachorrito nervioso, asustadizo y con un pelaje que pedía a gritos un cepillado. En cualquier otro momento, Carys lo habría acogido de inmediato, pero no corrían buenos tiempos para ella.

«Tenía el corazón destrozado, solo sentía dolor y tristeza —decía—. Me había prometido a mí misma que no volvería a tener otro animal, al menos durante un tiempo».

Con esa premisa grabada en la mente, lo que hubiese querido decirle era: «Por favor, gatito, vete a casa. Ahora mismo no puedo ayudarte». Carys se apresuró a entrar en casa con la esperanza de no volver a ver al cachorrito nunca más.

Su padre acababa de entrar en la última fase de una enfermedad terminal, pero también hacía muy poco que había perdido dos viejos caballos muy queridos y su gato, Finn, con catorce años, se debilitaba día a día. Parecía que la vida le daba la espalda y lo último que necesitaba era otra boca que alimentar, otra vida frágil que cuidar.

Si bien desde niña estuvo rodeada de animales, nunca se había acostumbrado a su muerte: le dolía tanto o más que la pérdida de personas. Creció con perros, gatos y caballos, demasiados para contarlos, pero nunca logró acostumbrarse a la muerte de aquellas criaturas. Su padre criaba caballos de pura raza; por ese motivo, siempre estuvo rodeada de estos animales, desde yeguas de cría hasta potrillos juguetones. Pero no por eso consiguió superar la angustia que le producía el final inevitable del ciclo de la vida. Aún no había superado la pérdida tan reciente de dos de sus caballos favoritos, uno tras otro.

Por si eso no fuera suficiente, Carys cuidaba de su padre, que recibía cuidados paliativos en casa tras una larga y dura lucha contra la enfermedad. Llevaba mucho tiempo enfermo, pero cuando su salud empezó a deteriorarse a pasos agigantados, Carys, su marido y su hijo se trasladaron a la casa de invitados de la propiedad de sus padres para cuidarlo. Así podía atender a su padre y ayudar a su madre, que ya tenía una edad avanzada.

Aunque eso era lo más importante, le quitaba tiempo para poder ocuparse de los caballos. Estos animales lo eran todo para Carys y, cuando no podía tenerlos cerca, se le resentía el alma. Echaba de menos todo lo que tenía que ver con ellos, sobre todo poder tocarlos. Durante muchos años, Carys había sido masajista de caballos, lo que la obligaba a pasar varias horas al día en estrecho contacto con ellos. Utilizaba las manos, los dedos y los codos para destensar los músculos contraídos, masajear las articulaciones, los tendones o el tejido cicatricial de alguna lesión; tratar los edemas; aumentar el flujo sanguíneo o la actividad linfática, y por supuesto reducir el estrés. Para Carys no era solo un trabajo, sino una vocación, una misión en la vida. Tenía el privilegio de estar cada día con los caballos, ayudándolos a mejorar su salud, y no podía pensar en otra cosa que prefiriera hacer. Sin embargo, su padre necesitaba mucha atención y se vio obligada sacrificar el tiempo que pasaba con los caballos para dedicárselo a él. No era fácil, pero era lo que había que hacer.

Carys, al igual que muchos de mis clientes, descubrió que, cuando has tenido un contacto tan íntimo con el campo energético de un animal, sientes una cercanía, una conexión mística que te rompe el corazón cuando la vida terrenal de ese animal termina.

Se forma un vínculo indisoluble que impregna cada poro de tu piel y que solo comprenden aquellos que lo han experimentado. Como ya sabemos todos los que hemos convivido con animales, su pérdida es parte del precio que se paga por el amor compartido con ellos. Pero nunca debe ser obstáculo para poder disfrutar de la compañía de otro.

Por eso, cuando apareció el pequeño gato callejero, aunque Carys lo viese de un modo muy distinto, no cabía duda de que era el momento más oportuno, justo cuando más necesitada estaba de consuelo y cariño; algo que el animalito podía ofrecerle a raudales.

Con Finn ocurrió algo parecido. Llegó a ella con el don de la oportunidad. Carys lo encontró en Florida, en medio de una carretera de cuatro carriles. Lo acogió y pasó el resto de su vida con ella.

Como siempre que entra alguien nuevo en la familia, hubo un periodo de adaptación en el que cada uno asumía el rol que tenía que desempeñar y se ajustaba para lograr una buena convivencia. El marido de Carys, Ben, instaló una gatera para que Finn pudiera entrar y salir sin pedir ayuda. Por su parte, Finn aprendió a llevarse bien con Stormy, el pájaro de la familia, un loro gris africano muy parlanchín que se conoce en el mundo de los aficionados a la ornitología como el «Einstein de las aves». Además, Finn era inteligente: no tardó en darse cuenta de que lo más prudente era mantenerse alejado de la jaula de Stormy porque, cuando se acercaba a husmear, terminaba cubierto del alpiste que el loro lanzaba sin piedad sobre él. Era un juego en el que Stormy, divertido, siempre terminaba ganando, así que Finn decidió dar esquinazo a la jaula siempre que era posible.

Eran los últimos días de Finn sobre la tierra. Cada noche, Carys pasaba tiempo con él, acariciándole con suavidad mientras él dormitaba sobre su regazo, entrando y saliendo del mundo de los sueños. Para entonces se había consumido casi por completo: había perdido gran parte del pelaje, los bigotes parecían raídos y su respiración era apenas un susurro. La idea de que pronto iba a perderlo la abrumaba. ¿Cómo se las arreglaría sin él? A su padre también le quedaban pocas semanas de vida. Sentía que todo estaba en su contra, que los acontecimientos se alineaban para sumirla en una tristeza profunda que rayaba la desesperación. No veía ninguna salida; en cierto modo, ni siquiera quería verla.

Fue entonces, en medio de todo ese dolor, cuando hizo su aparición un escuálido gato negro, gimiendo bajo un remolque y con la mirada desesperada y hambrienta. A la mañana siguiente aún estaba allí y Carys permaneció inmóvil mientras escuchaba aquel sonido que le rompía el corazón. ¿Sería capaz de ignorar a ese animalito que tanto la necesitaba? Era muy vulnerable y necesitaba protección. No pudo aguantar más. Casi sin pensarlo, le ofreció comida. Su conciencia no le daba otra opción.

Mientras regresaba a casa, echando alguna que otra mirada atrás para comprobar si el gatito salía a comer, se repetía a sí misma que era un arreglo temporal, solo por unos días hasta que le encontrara un hogar. Se detuvo un momento, escondida tras la fachada, y observó cómo el gatito salía con sigilo y, tras observar a su alrededor, devoraba la comida que le había dejado. Mientras contemplaba la escena sintió un resplandor cálido en el corazón y, por primera vez en lo que ya parecía una eternidad, sonrió.

Durante los días siguientes, Carys estuvo buscando un hogar para el cachorrito felino, pero no hubo suerte. Mientras tanto continuó dándole de comer y, aunque el pequeño aceptaba con gusto que lo alimentara, seguía temeroso y nunca salía cuando ella estaba cerca. Seguramente habría tenido algunas experiencias poco recomendables con ciertas personas.

Una noche ocurrió lo inevitable. El anciano gato de Carys, Finn, falleció. Las lágrimas le corrían sin control por el rostro mientras preparaba la cena en la cocina. Perdía otro animal muy querido. La cena discurrió en un ambiente sombrío. Todos comieron en silencio. El marido de Carys no sabía qué decir para consolar a su esposa. Entonces, justo cuando estaban recogiendo los platos, Ben la llamó.

—Cariño, ¡mira quién acaba de entrar por la gatera!

Entró en la sala de estar y encontró al pequeño gato negro en medio de la habitación, observando su entorno, sin rastro de recelo o temor. Carys se quedó bloqueada. No quería asustarlo. No estaba segura de lo que pasaría a continuación; de hecho, no estaba segura de lo que quería que pasara. No había por qué preocuparse: el gato aprovechó el momento. Tras comprobar que aquello parecía un lugar seguro, trotó por la alfombra, saltó al sofá y comenzó a asearse con parsimonia.

Carys lo miró un momento, se dirigió a la cocina y regresó de inmediato con un cuenco de agua y algo de comida. El gato la estudió en detalle, luego dio un salto y se acercó a los cuencos. Comió con ganas, bebió un poco de agua y volvió al sofá donde, estaba claro, se había instalado para pasar la noche. Al cabo de solo unos minutos, estaba profundamente dormido.

Ben y Carys se miraron y se encogieron de hombros. «Supongo que tenemos un nuevo gato», dijo Ben, riéndose. Carys sintió de inmediato que aquel gatito estaba allí por alguna razón, que estaba destinado a vivir con ella. Había acudido a consolarla por la pérdida que acababa de sufrir. Su presencia aliviaba la herida sangrante que tenía en el corazón. Él también parecía saber para qué estaba allí. No volvió a mostrar nerviosismo; al contrario, parecía muy cómodo con Carys y Ben. Lo llamaron Dash porque le encantaba correr. Era un gato muy independiente y disfrutaba saliendo; pero, si Carys lo llamaba, venía saltando desde quién sabe dónde para estar cerca de ella.

Dash era feliz con Carys cerca. A pesar de eso, no le gustaba que lo tomaran en brazos o le tocaran demasiado. Carys, con un gran sentido práctico con los animales, respetaba el deseo de Dash de tener su espacio. Nunca trató de forzarlo a recibir una atención que él no buscara.

Pocas semanas después de que Dash se hubiera incorporado a la familia, el estado del padre de Carys empeoró con rapidez. Llegaban sus últimas horas. Una noche, mientras su hija le leía tomándole de la mano, Dash entró en la habitación mirando hacia arriba. Su padre bajó la vista, lo vio y sonrió. «¿Sabes? Me gusta ese pequeño», le dijo a Carys. «Siento no poder llegar a conocerlo; parece muy especial».

Sin pensarlo, Carys agarró a Dash y lo puso sobre el pecho de su padre. En lugar de saltar de inmediato y salir corriendo, como hubiera sido lo esperado en él, Dash se acomodó y, muy tranquilo, empezó a ronronear mientras él lo acariciaba. El padre de Carys no tardó en fallecer, pero durante sus últimos días era frecuente encontrar a Dash durmiendo acurrucado sobre el pecho del enfermo.

Tras la muerte de su padre, Carys necesitaba cambiar la energía de su vida, abandonar aquel sentimiento de tristeza para salir de su desesperación, y Dash lo sabía. En aquel momento, Carys no tenía ninguna formación en comunicación animal, pero siempre había tenido la capacidad innata de percibir lo que los animales querían expresar de un modo u otro.

Seis meses después de que Dash entrara en casa, Carys empezó a prepararse para obtener un certificado en comunicación animal y curación energética. Le resultó fácil conseguirlo: tenía a Dash animándola a dar un paso más en aquellos conocimientos, empujándola a salir de la zona de confort y a ser fiel a sí misma.

Una tarde, Carys se comunicaba con Chip, el gatito de tres meses de su hijo. De pronto sintió el impulso de preguntarle: «¿Cómo llamas a Dash?». Ella esperaba que le dijera hermano, amigo o algo parecido, pero se sorprendió cuando Chip le respondió, veloz: «Lo llamo el Sabio».

—¿Por qué el Sabio? —preguntó Carys.

De nuevo, la respuesta no se hizo esperar. Le contó que los orígenes de Dash se remontaban a tiempos antiguos, que el conocimiento que poseía bebía de épocas muy ancestrales, anteriores a nuestra era; por eso, todos teníamos mucho que aprender de su sabiduría. Carys siempre había sabido que Dash era especial, pero el mensaje de Chip le dio una nueva dimensión a esa cualidad. Le permitió comprender mucho mejor la profundidad y la autoridad de Dash. Entendió también por qué había venido a vivir con ella. Parte de su misión era despertar a Carys a un nuevo y más elevado nivel de conexión. Ahora está convencida de que su asociación no es casual, sino que está orquestada divinamente con un propósito mayor, como ocurre con muchos de los animales que nos eligen.

A Dash le encanta el nuevo papel que desempeña junto a Carys; insiste en estar presente y guiar a su amiga humana en casi todas las sesiones de comunicación y sanación que realiza con los clientes. Su especialidad es transmitir los mensajes de seres espirituales y Carys se siente feliz cuando la ayuda que le presta es para hacerle llegar mensajes de su padre.

Desde que Dash entró en su vida, Carys comprende mucho mejor todo lo relacionado con su trabajo, y el éxito en los negocios le ha permitido centrarse en la curación y comunicación animal. «Es sin duda un ángel enviado para ayudarme en mi viaje de curación —decía—. Sé que siempre estaremos juntos, y me siento bendecida de que esté conmigo, guiándome para ser una mejor versión de mí misma».

Lección

Los animales suelen aparecer cuando más los necesitamos, aunque no seamos capaces de darnos cuenta en ese momento. Nuestros encuentros tienen una inspiración divina la mayoría de las ocasiones. Quizá tengamos la duda de si es el momento y el modo oportuno para que un animal entre en nuestra vida, pero, si les damos una oportunidad y dejamos que entren en nuestro corazón, entonces todo será evidente. No debemos renunciar al beneficio y las oportunidades que trae bajo el brazo un animal cuando entra en nuestras vidas. El amor y la conexión que nos aportan, siempre en el momento adecuado, pueden ser el mayor regalo que recibamos.

Como humanos, tendemos a encerrarnos en nosotros mismos cuando nos sentimos heridos, estresados o pasamos por algún trauma. Por desgracia, este comportamiento tan extendido no es bueno para nosotros, porque en esas situaciones es precisamente cuando más necesitamos abrirnos a los demás. Cuando nos retraemos o estamos enfadados no podemos establecer conexiones espirituales. Tenemos que hacer frente a la realidad, en paz, con calma; algo que puede parecer imposible en algunos momentos, pero que nos capacitará para contactar con los mensajeros peludos que acuden a nuestro rescate. Pequeñas cosas como sentir la tierra bajo los pies, hacer respiraciones conscientes, poner la mano sobre el corazón... pueden ser suficientes para hacer una pausa y volver a ese lugar donde somos capaces de abrirnos y ser receptivos.

Debido a las difíciles circunstancias que atravesaba en la vida, Carys no se creía capaz de ayudar a un ser que la necesitaba. A pesar de ello, no cerró las puertas del todo, aun pensando que para ella esto último hubiese sido lo mejor. Al final, dar de comer a un gatito, lo que consideró que iba a ser una carga más, se convirtió en su vía de escape, su talismán en la vida. Ese gesto de alimentar a un ser necesitado provocó un enorme torrente de amor y la oportunidad de acceder a lecciones magistrales de vida.

Este es un maravilloso ejemplo de las formas en que podemos trabajar para mantener nuestros corazones abiertos al amor y al apoyo, que pueden tener múltiples e inesperadas caras. Cuando estamos empapados de amor desarrollamos una conexión intensa con el alma, nuestras vidas son más ricas, más plenas, y estamos más cerca de convertirnos en la persona que estamos destinados a ser.

Reflexiones

Rememora alguna ocasión en la que un animal se cruzó contigo en un momento que, en tu opinión, era muy inoportuno, pero que sin embargo resultó ser perfecto.

1. ¿Alguna vez un animal ha llegado a tu vida en el momento más adecuado para ayudarte a superar algún escollo importante?
2. ¿Qué te ayudó a ser consciente de esa ayuda?
3. ¿Ese animal desempeñó un papel en la transformación y la expansión de tu vida?

Ejercicio: comunicarse con los animales espiritualmente

Cuando Dash llegó a la vida de Carys se convirtió en un puente: dio la oportunidad a su compañera humana de introducirse en el mundo de la comunicación animal, sobre todo ayudándola a establecer esa comunicación con aquellos que ya están al otro lado, en el reino espiritual. Comunicarse con los animales que están aquí en este plano y con los que han cruzado es un proceso muy similar, ya que en ambos casos nos conectamos con sus almas. Creo firmemente que el alma nunca muere, que no comparte el mismo destino que el cuerpo físico.

Cuando tus compañeros animales cruzan siguen estando a tu disposición para conectarse contigo desde el reino espiritual, al igual que los que aún están aquí, en el plano físico. Aunque nos seas capaz de ver, oír o tocar a ese compañero que ha pasado al mundo espiritual, su amor continúa rodeándote, y el vínculo que os unía sigue intacto, sin que la muerte pueda rozarlo. Uno de los mejores regalos que nos hacen nuestros compañeros animales es el consuelo, el alivio que desde el más allá nos envían.

En los últimos años he podido realizar miles de conexiones con el espíritu de muchos animales. Si un amigo animal ha cruzado y buscas una conexión o una señal que te indique que está ahí, que está bien, el paso más importante para conseguirlo es hablar con él. Hazlo como si aún estuviese ante ti y pídele que te envíe una señal. Después espera y aguza los sentidos para poder captar la respuesta. Como mencioné en el capítulo dieciséis, si estás aturdido por el dolor de la pérdida, la capacidad para establecer la conexión o detectar los mensajes puede verse afectada. Por eso debes ser amable contigo mismo, dejar que llegue el momento adecuado, sanarte antes de iniciar el proceso.

Puedes hacer el siguiente ejercicio como una meditación o una visualización. No obstante, si no te sientes preparado para hacerlo, finge o actúa como si lo hicieras —seguirás recibiendo los beneficios—.

276 · LADRA, RELINCHA, MAÚLLA

1. Busca un lugar tranquilo, lejos de ruidos y distracciones, donde puedas relajarte sin que nadie te moleste.

2. Empieza por tomar una postura adecuada. Descruza los brazos y las piernas, endereza la espalda y ponte cómodo, ya sea tumbado o sentado.

3. Realiza dos respiraciones profundas y purificadoras: inhala por la nariz y exhala por la boca. Mientras tomas aire piensa que estás absorbiendo la energía curativa de la luz blanca universal y que, cuando exhalas, expulsas todas las preocupaciones, temores o dudas que puedas tener.

4. Ahora piensa en una corriente de luz blanca acudiendo a ti que, poco a poco, se introduce en tu chakra de la coronilla. Después imagina que esa energía va descendiendo por tu cuerpo mientras ilumina el resto de los chakras hasta salir por el coxis y la planta de los pies.

5. Ahora estás conectado, arriba con el padre cielo y abajo con la madre tierra.

6. Imagina el centro de tu corazón abierto por completo y receptivo a la información que tu compañero animal tiene que compartir contigo —como hiciste en los ejercicios anteriores—.

7. Sintoniza tu dial de confianza. Imagínate extendiendo la mano y girándolo hasta alcanzar el nivel máximo.

8. Reafirma tu intención de comunicarte con ese amigo animal que haya cruzado al otro lado.

9. Llama a tu animal espiritual y a tu equipo de sanación para que te auxilien en la comunicación que quieres establecer.

10. A continuación concéntrate en la pirámide telepática de Jiggs, que se extiende desde el chakra de tu tercer

ojo hasta los chakras de tu corazón y del de tu animal, formando un canal perfecto para la comunicación.

11. Dedica unos instantes a comprobar que tu canal está limpio y libre de obstáculos que pudieran impedir el flujo de información, tanto en uno como en otro sentido.

12. Di el nombre de tu compañero animal tres veces, a viva voz o mentalmente.

13. Pide a tu compañero animal que venga a ti.

14. Pregúntale lo que quieras, tal vez si se encuentra bien o sobre su experiencia en el reino de los espíritus. Cualquier pregunta puede servir.

15. Escucha lo que comparte contigo. No olvides que la respuesta puede ser fugaz y presentarse con múltiples formas, no solo mediante la palabra.

16. Prosigue la comunicación con los contenidos que desees. Sigue compartiendo.

17. Expresa la satisfacción que sientes por haber realizado esta conexión y da las gracias a tu animal por haberse puesto en contacto contigo.

Es conveniente repetir este ejercicio a menudo para conectar con los animales que ya han cruzado al reino de los espíritus.

18

Crear un canal
para la sanación

*«Es intentando lo imposible cuando
alcanzamos la grandeza».*

(Constance Friday)

Durante varios años trabajé con una veterinaria especializada
en caballos, muy buena en su campo, llamada Sara. Había
desarrollado un gran interés por mi trabajo y era habitual que
compartiera conmigo sus experiencias atendiendo caballos.
Deseaba ampliar su conocimiento sobre los modos tan maravillosos y variados en que los animales pueden comunicarse
con nosotros si adoptamos una actitud abierta. A menudo le
sorprendía lo profundo y detallado que podía llegar a ser ese
intercambio comunicativo cuando se daban las circunstancias
adecuadas.

Sara se había apuntado a todos mis programas de formación *online*: quería aplicar los métodos de comunicación y sanación animal a su trabajo. Inició su andadura formándose en
medicina alopática moderna, pero con el tiempo también es-

tudió medicina tradicional china, acupuntura y quiropráctica, lo que despertó en ella el interés por otras formas de medicina holística. Así fue como llegó a la sanación a través de la energía y a abrazar todo lo relacionado con el reino espiritual. Sara era una estudiante ávida y entusiasta que devoraba todo aquello que pudiera aprender y la ayudara a mejorar en su trabajo con los animales.

Además de ser veterinaria, Sara disfrutaba impartiendo clases de montar sin silla ni aparejo. Este tipo de entrenamiento de estilo libre no requiere montura ni bocado. El caballo está suelto y la monta se basa en la creación de un vínculo sagrado entre caballo y jinete. Hombre y animal aprenden el uno del otro hasta producirse una asociación intensa.

La vida de Sara era ajetreada, pero ella disfrutaba de cada minuto. Por regla general, las amazonas madrugan bastante para supervisar la alimentación y el cuidado de los caballos. Además, a Sara le gustaba estar al aire libre, en contacto con el sol. Cuando terminaba con los caballos, subía a la camioneta y comenzaba las visitas a las granjas donde se necesitase atención veterinaria.

Además de los caballos que atendía en consulta, Sara también mostraba un profundo interés por sus propios animales, a los que quería con locura. Tenía una colección de perros, gatos y caballos, pero también mantenía un vínculo espiritual con otros animales en el reino invisible, con los que se comunicaba de manera asidua. Debido a la naturaleza científica de su razonamiento y de la formación recibida que aplican en su trabajo, a un gran número de veterinarios les cuesta manejar la comunicación entre especies o creer en la sanación mediante la energía. En cambio, Sara había adoptado con facilidad estas prácticas, que consideraba una parte vital de su trabajo, una herramienta muy valiosa de la que no quería prescindir. No siempre explicaba a los propietarios cómo trabajaba, pero, mientras los caballos estuvieran sanos y felices, el sistema funcionaba para ambas partes.

Como era de prever, Sara establecía una profunda asociación con casi todos los caballos a los que cuidaba. Este era el caso de Camarillo, la montura de su mejor amiga, una testaruda yegua alazana de color oscuro. Sara la enseñó a trabajar sin silla durante varios años, periodo durante el cual la vio crecer y desarrollarse. Entre ellas se estableció un vínculo tan intenso que, cuando su amiga tuvo que mudarse por motivos de trabajo y no pudo llevarse a Camarillo, Sara la compró, encantada. No le importaba añadir un caballo más a su yeguada y tampoco podía soportar la idea de que Camarillo tuviera que empezar de cero en un ambiente desconocido.

Por desgracia, poco después de llevarla a la granja, Camarillo falleció a causa de una enfermedad repentina que desafió todo tratamiento. Tras agotar todas las posibilidades, Sara pasó los últimos minutos del animal a su lado, acariciándole las crines mientras lamentaba no haber podido hacer algo más.

La muerte de Camarillo dejó a Sara destrozada, pero, en vez de desanimarse, decidió ampliar sus conocimientos sobre los equinos. Pensaba que tal vez hubo algo que pasó por alto con Camarillo que podría haberla salvado. Si había una manera de aplicar tratamientos más eficientes a los animales que cuidaba, reforzando su formación o profundizando en su comunicación con ellos, encontraría la manera de hacerlo.

Unos años más tarde, Sara conoció a Autumn, un caballo con el que entabló un vínculo similar al que tuvo con Camarillo. Igual que su vieja amiga, Autumn era una imponente yegua alazana. Fue un regalo de un amigo íntimo, también amante de los caballos, que estaba convencido de que las dos conectarían enseguida. Y no se equivocaba. El parecido entre ambas yeguas era asombroso y Sara no pudo evitar encariñarse con ella. Al cabo de poco tiempo, un vínculo muy intenso se formó entre yegua y amazona. Después del dolor que había sentido por la pérdida de Camarillo, Sara hizo todo lo posible por mantener sus emociones alejadas de los animales que cuidaba, pero con Autumn le resultó imposible. La yegua era hermosa, tanto por fuera como por dentro; tenía una personalidad dulce y se prestaba con naturalidad a la monta sin silla.

Después de varios meses de trabajo, Sara estaba orgullosa de los progresos en el adiestramiento. Una mañana, algo en el prado asustó a la yegua, que saltó, tropezó y cayó sobre un costado. Sara no supo qué fue lo que había asustado al animal. En ese momento solo pensaba en ayudarla. Corrió hacia ella y, al instante, supo que estaba herida de gravedad. La yegua observó a Sara a través de esa intensa mirada marrón, incapaz de ocultar el dolor que sentía. Abatida, Sara se arrodilló y acunó la enorme cabeza del animal entre los brazos. Con lágrimas en los ojos, la estudió mientras susurraba palabras para tranquilizarla. Deseó con todas sus fuerzas que la lesión no fuera tan grave como parecía.

Bajo la estricta supervisión de Sara, Autumn fue trasladada a un hospital veterinario para que le hicieran un diagnóstico completo. Las radiografías revelaron lo que temía. Autumn había sufrido una fractura de pelvis, una lesión mortal. A Sara se le rompió el corazón. Curar una fractura así era casi imposible; en cualquier caso, requeriría un periodo largo y arduo de recuperación, e incluso si conseguía salvarla, la calidad de vida de la yegua sería precaria. Perdería movilidad y sufriría dolores constantes. Eso no era vida para un caballo, sobre todo para uno tan vigoroso como Autumn.

Sara contempló las radiografías con la mirada anegada. Hizo todo lo posible por concentrarse y adoptar una actitud estrictamente profesional, desapasionada, pero, cuanto más estudiaba las imágenes, peor parecía la lesión. Los extremos de la fractura tenían una separación de dos centímetros y además había un desplazamiento vertical del hueso de al menos un centímetro hacia arriba. Era un traumatismo grave: no habría un final feliz para Autumn. El radiólogo conocía bien a Sara y sabía lo mucho que quería a sus animales.

—Lo siento —dijo con suavidad mientras miraba las imágenes por encima del hombro Sara.

Conteniendo los sollozos, consiguió murmurar un «gracias» con voz estrangulada y salió a trompicones del hospital. Desde un punto de vista médico, no había esperanza para su dulce Autumn. Y Sara no podía justificar mantenerla confinada en un establo durante el resto de su vida.

En alguna de las sesiones que hice con Sara me había comunicado con Autumn. Ese mismo día, la yegua contactó conmigo para pedirme que transmitiera a Sara un mensaje. Decir que le sorprendió mi llamada sería un eufemismo.

—Lynn… ¡Qué sorpresa! —contestó al otro lado de la línea.

—Autumn ha contactado conmigo.

—¿Ah, sí?

Los últimos días habían estado tan llenos de sobresaltos que Sara no sabía qué decir. Parecía estar procesando la información.

—Ha insistido en que te llame.

Sara guardó silencio y contuvo la respiración.

—¿Ha tenido algún tipo de accidente? —pregunté.

—Sí —Suspiró—. Se cayó en el prado y tiene un traumatismo en la pelvis.

Hice todo lo posible por ocultar mi reacción. Una fractura de ese calibre era difícil de curar, sin duda. Al final decidí ser directa:

—Autumn entiende la situación, pero me ha pedido que te diga que no te rindas con ella. Sabe que puede salir adelante. Quiere que sepas que este es tu momento para brillar; debes dar un paso al frente en lo que se refiere a tus habilidades de sanación. Tus capacidades van más allá de lo que has aprendido en la Facultad de Veterinaria. Eres una sanadora brillante: puedes ir más lejos de lo que imaginas.

—¡Oh, Dios mío! —exclamó con voz ahogada.

—Autumn cree en ti, Sara —insistí—. Quiere que tú también confíes en ti misma y en tus capacidades.

Cuando colgó el teléfono, Sara salió al campo para reflexionar. Se tumbó sobre la espesa hierba y levantó la vista al cielo, intentando poner sus pensamientos en orden. Sabía lo que quería hacer, pero ¿de verdad era lo correcto? ¿Tendría el valor suficiente para intentarlo?

Entonces sonrió. Autumn había expresado con claridad su deseo. Y ella amaba a ese caballo con todo su corazón. ¿Cómo no iba a intentarlo? El mensaje que le había entregado a Sara no era algo que pudiera ignorar. El universo le había enviado una señal para que cumpliera la voluntad de Autumn. Alentada, Sara decidió buscar la manera de ayudar a la yegua alazana a recuperar la salud.

Aunque su título universitario y su formación científica le decían que lo que estaba a punto de intentar era casi imposible, una vez tomada la decisión, se embarcó en aquel viaje de sanación con la mente abierta y el corazón alegre. Creía en la comunicación animal y confiaba en la conexión que tenía con Autumn. En efecto, fue un camino largo, pero, poco a poco, mes a mes, la yegua mejoraba. Contra todo pronóstico, Sara fue capaz de curarla.

Antes de que se diera cuenta, Autumn volvía a llevar una vida normal, no confinada en un establo como había temido al principio, sino libre, corriendo junto a otros caballos por prados exuberantes, que es el sueño de cualquier equino.

Sara estaba exultante. Había hecho uso de todos sus conocimientos médicos, tanto alopáticos como holísticos, para curar a la yegua, e incluso había aprendido nuevos métodos de sanación gracias a la ayuda de un amigo médico que tenía más trucos bajo la manga. Tanto esfuerzo había dado sus frutos. Cada día, la joven daba las gracias a su estrella de la suerte por haberle permitido tener aquella conversación con Autumn después del accidente.

Un par de años después, Sara me llamó por teléfono.

—Creo que Autumn me ha enviado un mensaje y me gustaría conocer tu opinión al respecto —dijo con timidez.

Sara había visto a Autumn en sueños y habían entablado una conversación.

—Me ha dicho que hay un alma que quiere entrar en mi vida y que ella quiere ser el recipiente para que eso ocurra. Un potrillo. Quiere entregarme el alma de un potrillo como agradecimiento por sanarla.

Intrigada, conecté con Autumn, que confirmó lo que Sara ya me había dicho; de hecho, me dijo que sentía que era su misión en la vida hacer aquello por Sara. Después de transmitirle mi versión del intercambio, Sara estaba dispuesta a seguir adelante.

—Entonces, que así sea —concedió—. Buscaremos un semental.

Haciendo uso de las habilidades de comunicación animal, además del amplio conocimiento sobre genética, Sara trabajó codo con codo junto a Autumn hasta encontrar al caballo perfecto.

Once meses después, y tras de haber recibido los mejores cuidados prenatales que un caballo pudiera tener, Autumn dio a luz a una hermosa potra alazana a la que Sara llamó Miracle (Milagro), porque eso es lo que era. Nunca pensó que podría vivir una experiencia así tratándose de Autumn.

Nada más nacer, Miracle le inspiró cierta familiaridad. Un sentimiento obvio invadía a Sara siempre que estaba junto a ella, sobre todo cuando la miraba. Miracle también parecía percibir aquella conexión. Desde que abrió los ojos por primera vez se sintió cómoda al lado de Sara y confió plenamente en ella, como si se conocieran desde hacía mucho tiempo. Poco a poco, aquellos sentimientos de amor se transformaron en recuerdos. Al principio, Sara tuvo sus dudas, no parecía posible, pero cada día era más evidente. Lo sentía en cada fibra de su ser: la potranca era la reencarnación de Camarillo. Durante una sesión confirmé las sospechas de Sara. Miracle era la reencarnación de la yegua alazana, su otro gran amor. El ciclo de la vida cobraba más sentido que nunca. Con ese reencuentro se desvanecieron de un plumazo el dolor y la culpabilidad que había almacenado durante tantos años, desde la prematura muerte de su gran amiga. Miracle era un regalo del cielo, el culmen de la misión de Autumn en la tierra. Algo que ya le había mostrado en aquel sueño.

Gracias a la comunicación animal y a la confianza en sus habilidades como sanadora, Sara sacó a Autumn del dilema entre la muerte o una vida de sufrimiento y consiguió que disfrutara de una existencia feliz y plena. Pero esta no fue la única recompensa. Ahora, Sara monta a diario a Autumn y a Miracle en la granja —sin montura y, a veces, al mismo tiempo—. Una verdadera bendición, un premio más que merecido por no perder la fe en sí misma y por todo el amor que sintió por Autumn. Pero el mayor de los regalos fue tener el espíritu de Camarillo a su lado de nuevo. Contra todo pronóstico, la historia de la yegua alazana tuvo un final feliz.

Lección

Muchas veces, los animales nos sorprenden con su sabiduría, tenacidad y capacidad para sanarse a sí mismos y a los demás. La intuición y los dones que poseen siguen siendo accesibles para nosotros incluso después de que hayan abandonado el mundo terrenal, siempre que seamos receptivos y estemos atentos a las señales que envían. Cuando el alma de un animal está ligada a la nuestra, el vínculo es irrompible incluso si nuestro compañero ya ha cruzado al otro lado. El amor que compartimos con los animales no desaparece cuando mueren en el plano físico. Es importante recordar esa premisa y también esperar lo inesperado.

Para ayudar a sus amigos animales y convertirse en una mejor versión de sí misma, Sara tuvo que salir de su zona de confort, tener fe y depositar toda su confianza tanto en sus capacidades medicinales como en los mensajes de Autumn. Aquello requirió tenacidad y trascender lo establecido, pero su dedicación, así como el profundo amor que profesaba a los animales, la ayudaron a conseguir aquello que le parecía imposible.

Esto es un testimonio sólido de que, en muchas ocasiones, la mente es nuestra única limitación. Si estamos dispuestos, podemos lograr lo que nunca imaginamos. Creer en los milagros es la única forma de traerlos a nuestra vida.

Reflexión

Recuerda un momento en que creyeras que un compañero animal te había enviado un mensaje y tuvieras que hacer un esfuerzo por confiar en lo que intentaba decirte.

1. ¿Alguna vez has salido de tu zona de confort para ayudar a un compañero animal?
2. ¿Qué se requería de ti? ¿Cuál fue el resultado una vez seguiste sus indicaciones?
3. ¿De qué maneras crees que prestar atención a lo que tu compañero animal intentaba decirte te ayudó a progresar como persona y te permitió expandir tus conocimientos?

Ejercicio: recibir un regalo de un compañero animal

Con el paso del tiempo y por el mero hecho de estar con nosotros, los animales nos transfieren diversos dones de modo natural a través de la ósmosis. Infunden en las personas numerosas cualidades positivas, entre las que destacan el empoderamiento, la capacidad de transformación y de reflexión, la paz interior, la creatividad, la clarividencia o el amor incondicional. Nos enseñan y propician nuevas formas del yo, pero también nos motivan a realizar cambios significativos en nuestras vidas —a veces radicales—; por ejemplo, sobre el lugar en que vivimos, con quiénes lo compartimos o cómo pasamos nuestro tiempo.

Los animales nos ayudan a sanar el cuerpo, la mente y el alma. De acuerdo con mi experiencia basta con conocerlos para que nuestros dones intuitivos, hasta entonces tal vez dormidos, despierten y nos impulsen hacia la mejor versión de nosotros mismos. Cada experiencia compartida con un compañero animal enriquece nuestro crecimiento personal. Esto incluye el momento más triste de todos: la despedida. A lo largo de mi carrera he podido comprobar que, incluso cuando nuestros amigos deben abandonar el cuerpo, nos dejan un regalo. Al principio, debido al dolor, puede resultar difícil reconocer o valorar ese regalo —puede que ni siquiera nos despierte un sentimiento positivo—, pero, reflexionando en profundidad, seremos capaces de apreciarlo.

Aprender a entender y encarnar las lecciones que nos enseña el círculo de la vida es uno de los regalos más hermosos que la muerte de un compañero animal puede ofrecernos. Nos obliga a comprender las distintas etapas de la vida, la muerte y el renacimiento, ese viaje interminable que emprenden todas las almas, así como la interconexión infinita que existe entre todos los seres. Otro importante legado que nuestros amigos peludos nos dejan es la certeza de que, siempre que lo necesitemos, podremos conectar con su espíritu, que nos reconfortarán incluso después de la muerte, que continuará ayudándonos a afrontar los retos que la vida ponga en nuestro camino.

Por supuesto, esto requiere un poco de fe, liberarnos del dolor que nos ha supuesto su pérdida y una gran dosis de confianza. Si lo consigues, encontrarás la manera de reconectar con tu compañero.

A continuación te propongo una actividad para ayudarte a descubrir los regalos que tu compañero animal ha dispuesto para ti. No importa si ha cruzado ya al reino invisible o si todavía está aquí, en el plano terrenal, contigo.

Este ejercicio podemos llevarlo a cabo mediante la visualización o la meditación. Aunque no te sientas preparado para conseguirlo de ninguna de estas maneras, no dejes de intentarlo. Finge si es preciso porque, aun así, percibirás algún beneficio.

1. Prepara papel —un cuaderno, por ejemplo, aunque vale cualquier otro medio— para apuntar tu experiencia.

2. Busca un lugar tranquilo, lejos de ruidos y distracciones, donde puedas relajarte sin que nadie te moleste.

3. Empieza por tomar una postura adecuada. Descruza los brazos y las piernas, endereza la espalda y ponte cómodo, ya sea tumbado o sentado.

4. Realiza dos respiraciones profundas y purificadoras: inhala por la nariz y exhala por la boca. Mientras tomas aire piensa que estás absorbiendo la energía curativa de la luz blanca universal y que, cuando exhalas, expulsas todas las preocupaciones, temores o dudas que puedas tener.

5. Piensa en una corriente de luz blanca acudiendo a ti que, poco a poco, se introduce en tu chakra de la coronilla. Después imagina que esa energía va descendiendo por tu cuerpo mientras ilumina el resto de los chakras hasta salir por el coxis y la planta de los pies.

6. Ahora estás conectado al padre cielo y la madre tierra.

7. Invoca a un compañero animal llamándolo por su nombre —uno que ya haya cruzado al otro lado o uno que siga contigo en el plano físico—.

8. Tómate el tiempo que necesites para reflexionar sobre vuestro viaje conjunto y los regalos que te ha dado.

9. Escribe tus experiencias con ese compañero. Mientras dejas la imaginación fluir, ábrete a la información que recibes.

10. Reflexiona sobre el transcurso de vuestro tiempo juntos y hazle alguna pregunta directa al respecto.

11. Apunta cualquier información o impresión que te llegue.

12. Repite los dos pasos anteriores hasta que sientas que has completado el objetivo.

13. Expresa la satisfacción que sientes por haber realizado esta conexión y da las gracias a tu animal por haberse puesto en contacto contigo.

Te animo a repetir este ejercicio a menudo para conectar con los animales que están en el reino invisible.

19

El emisario alado

Despertar no consiste en cambiar lo que eres,
sino en descartar lo que no eres».

(DEEPAK CHOPRA)

Esta recopilación de historias no estaría completa sin mencionar al animal cuya presencia ha sido tan representativa a lo largo del libro, un compañero que ha alzado el vuelo en cada página con la misma delicadeza y habilidad que un pintor añade una puesta de sol en su acuarela. Si bien no era mi intención incluir este elemento en la obra que sostienes, su importancia no puede negarse. Su persistente aparición a lo largo de estas páginas hizo que me diera cuenta de que sería un error no dedicarle un capítulo completo.

Puede que hayas reparado varias veces en la presencia del halcón de cola roja, el majestuoso animal alado que he descrito en numerosas ocasiones a lo largo del libro. No obstante, para explicar cómo encaja el hermoso animal en esta experiencia transformadora, tenemos que repasar mi historia y los recuerdos sobre los compañeros animales que me han guiado a lo largo de los años.

Después de que mi precioso labrador, Jiggs, cruzase al otro lado el 10 de septiembre de 2007, llegó a mi vida una cachorrita maltesa llamada Carly, a la que ya mencioné brevemente en el capítulo dieciséis. Era una preciosa bolita de pelo blanco con un carácter angelical; parecía un hada, pues tenía el alma más dulce que jamás haya existido. Carly y yo conectamos al instante. Nació el 19 de octubre de 2007, poco después de que Jiggs cruzase al reino espiritual, aunque no la adopté hasta mediados de enero de 2008. Quería llamarla Tilly o Lacey. Todavía estaba decidiéndome, así que sintonicé con su alma para conocer la opinión de la perrita al respecto. Le pregunté qué le parecían los nombres que había pensado para ella, si tenía alguna preferencia. Telepáticamente me dijo que se llamaba Carly, el nombre que le habían asignado en la protectora para identificarla, y que deseaba conservarlo.

Fueron una serie de coincidencias las que me llevaron hasta Carly. Sin yo saberlo, la misma noche que nació llegué a Kanab, Utah, desde Columbia Británica, donde vivía en ese momento. Estaba preparándome para ir a Arizona a pasar el invierno, pero, antes, en honor a Jiggs, quería disfrutar de un día maravilloso en el Best Friends Animal Sanctuary, un albergue para animales abandonados. Ni siquiera conocía la existencia de la dulce Carly en ese momento, pero imagina mi sorpresa cuando descubrí que había estado allí la misma noche en que nació. Durante mi viaje hacia Utah —y más tarde mientras conducía desde Flagstaff hasta Sedona— recibí tantas señales de las nubes que supe que Jiggs intentaba enviarme un mensaje. Una de las nubes tenía la forma perfecta de un ángel. Más adelante supe se trataba de Carly y que Jiggs la había enviado desde el cielo para mí.

Carly ahora está con Jiggs en el reino invisible. Después de pasar a mi lado más de doce años maravillosos, la dulce maltesa cruzó al otro lado durante el solsticio de invierno de 2019 mientras yo escribía este libro. La echo mucho de menos. Como ya he mencionado, Carly vino a verme mientras trabajaba en este proyecto, adoptando el cuerpo de un halcón de cola roja. Justo enfrente de las acristaladas puertas corredizas de mi oficina surcaba una y otra vez las corrientes de aire. Era imposible ignorarla. ¡Quería toda mi atención!

Fue en ese momento, con el espíritu del halcón de cola roja abriéndose camino entre el viento, cuando me di cuenta de que estos magníficos animales deseaban tener su propio lugar en esta obra. Son aves de presa, consideradas mensajeras por muchas culturas, de modo que cuando aparecen es buena idea prestar atención por si tienen un mensaje que darnos. A medida que entrevistaba a mis clientes me daba cuenta de que los halcones aparecían en las historias con relativa frecuencia. Pero no decidí incluirlos hasta que el proyecto estuvo casi terminado. Ver el espíritu de Carly manifestándose a través de una de estas magníficas aves fue como si me hubieran dado un golpe en la cabeza con un martillo. ¡Por fin caía en la cuenta! Había estado tan absorta en el trabajo que no había reparado en que su presencia era el hilo que iba entretejiendo el contenido de este libro. Reconozco que, al haber estado tan concentrada en el proceso creativo, pasé por alto muchas de sus señales y que les ha costado un esfuerzo adicional hacerme ver que deseaban formar parte de él.

Los halcones de cola roja siempre me han fascinado, tanto desde el punto de vista físico como espiritual. *Animal Speak: the Spiritual & Magical Powers of Creatures, Great and Small*, del desaparecido Ted Andrews, ha sido un libro de referencia para mí durante décadas y un recurso excelente para ampliar conocimientos sobre cualquier animal. Gran parte de la información que voy a compartir sobre los halcones proviene de él.

De acuerdo con Andrews, los halcones, especialmente el de cola roja, son «una de las aves de presa más mágicas e intrigantes.»[8] Unos seres poderosos capaces de guiarnos hacia nuestro destino, conduciéndonos a un nivel de conciencia superior. Se les conoce como «los vigilantes del cielo», ya que poseen un agudo sentido de la vista, solo comparable al del búho. Como los grandes visionarios que son, tienen la capacidad de despertar un poder similar en nosotros y ayudarnos a reforzar nuestra visión interior o potenciar nuestro sentido psíquico de la clarividencia.

Podemos aprender muchas cosas de los halcones de cola roja —así como de cualquier animal, por supuesto—: las lecciones y habilidades que pueden enseñarnos abarcan un vasto oasis de sabiduría. Es una bendición tener el privilegio de ser los destinatarios de toda esa fuente de saber. Una de esas lecciones que nos enseñan es la de «volar muy alto sin dejar de tener los pies en el suelo»[9]. Para ilustrar esto me gusta imaginar que tenemos raíces y alas, lo que significa que, para poder abrirnos a la comunicación animal, necesitamos estar conectados a la energía de la madre tierra tanto como a la del reino espiritual superior, es decir, a la energía del padre cielo. Por esa razón, he incluido en este libro ejercicios que facilitan ambas conexiones: considero que es un paso crucial para alcanzar la comunión con las almas de los animales, especialmente con las de aquellos que ya han cruzado. Como se muestra en las

---

8. Ted Andrews, *Animal Speak,* por medio de la editorial Llewellyn (1998).

9. Ted Andrews, *Animal Speak,* pág. 152.

historia de Jack en el capítulo seis, los halcones desempeñan a veces un papel importante asistiendo al alma de un animal —o humano— para que el paso al reino de los espíritus sea placentero. Piensa en ellos como guardianes de almas capaces de tender un puente entre este mundo y el siguiente. Los halcones —en realidad, todas las aves— también son el vehículo para que los seres que ya han cruzado puedan regresar, conectarse y visitar a sus seres queridos que aún están aquí, en el plano terrenal. Los bellos cardenales, con sus colores brillantes, suelen estar presentes cuando eso ocurre, así que tenlo en cuenta siempre que veas esta majestuosa ave o busques conectar con un ser espiritual. Cuando veas uno volando cerca haz una pausa, ponte en contacto con la tierra y ábrete a cualquier mensaje que tenga para ti. Recuerda los pasos que has aprendido con los ejercicios y espera a que algo llegue hasta ti.

Pero los halcones también nos ofrecen otra gran enseñanza: el modo único de usar nuestra energía creativa e imaginación. Este otro regalo puede ser de gran ayuda en actividades de conexión, como es el caso de la visualización, la mediación, la creación de este libro o los ejercicios de curación que contiene, ya que se trata de acciones creativas que requieren el uso de nuestra imaginación. Pero, además, podemos aplicarlo para perfeccionar la comunicación animal y nuestras habilidades psíquicas, ya que sin energía creativa no podríamos acceder por completo a los mensajes que nos envían o tener la capacidad para interpretarlos. Por tanto, todo proceso de conexión y comunicación necesitan del uso de la imaginación y la energía creativa. Es importante tener en cuenta que los mensajes de los halcones nos facilitan el acceso a mensajes de otros animales. Cada interacción se basa en otra anterior, lo que nos hace crecer en conocimiento y conciencia. Siempre hay algo más que aprender y espacio para seguir creciendo.

Es fácil pasar por alto el papel de los pájaros en la naturaleza, ya que no siempre somos conscientes de su presencia a nuestro alrededor. Sin embargo, como todos los animales, existen con un propósito y, aún más, ¡si vuelan cerca es por alguna razón! Es un ejemplo más de cómo el universo nos habla a través de cosas sencillas en las que no reparamos por estar envueltos en una vorágine de obligaciones, problemas, aficiones o pantallas de un sinfín de dispositivos. No es malo estar ocupado, siempre y cuando no olvidemos que hay que tener un espacio para frenar y mirar a nuestro alrededor. Al fin y al cabo, nadie es inmune: mira lo que tardé en reconocer el mensaje de los halcones. A veces estamos tan cerca del mensaje que no podemos verlo. Incluso habiéndome dedicado a ello durante tantos años, sigo aprendiendo porque el aprendizaje no acaba nunca.

Espero que este apartado sobre el halcón de cola roja te inspire en el afán de profundizar en la comunicación animal. Lo natural es dar los primeros pasos en este terreno con nuestras mascotas o con aquellos animales que tengamos cerca, pero cuando veas un halcón —o cualquier otro animal salvaje que te llame la atención— detente y presta atención. Puede que sea una visita del reino de los espíritus o un mensaje importante para ti.

Lección

Estar receptivos a las señales que nos envían los animales, la naturaleza, nuestros guías y, sobre todo, los seres queridos del otro lado hacen que tomemos plena conciencia de nuestra existencia y nos aporta lo necesario para que nuestras vidas mejoren. Si permitimos que nos lleguen sus mensajes, los honramos a ellos y a los sólidos vínculos llenos de amor que compartimos y que se extienden más allá del plano físico. En la mayoría de las ocasiones, todo lo que necesitamos para conseguirlo es creer que es posible, querer que suceda.

A veces tenemos el mensaje ante nuestros ojos y, sin embargo, no lo vemos. Es lo que me ocurrió a mí con los halcones, que tuvieron un trabajo extra para conseguir curar mi ceguera. En cuanto somos capaces de identificarlo nos parece casi imposible que hayamos sido tan torpes. Lo fácil es pasarlos por alto, pero por suerte los animales pueden llegar a ser tozudos en su empeño. Nunca olvides detenerte de vez en cuando, quizá un par de veces al día; conéctate con la madre tierra; tranquiliza la mente; respira en profundidad, y atiende los mensajes. Los animales nos cuidan, nos aman y por eso desean casi desesperadamente que los escuchemos.

Cualquier contacto con animales o espíritus es significativo, pero, si proviene de algún ser querido o de un animal que ya ha abandonado su cuerpo, tiene especial impacto. No tengas prisa y dedica el tiempo que necesites a encontrar el auténtico significado de la visita y del mensaje con que te ha obsequiado. Quizá te haya llegado con la forma de un halcón, un cardenal o cualquier otro animal, que sin duda enriquecerá tu vida de un modo insospechado. El acceso a esos mensajes llenará tu alma de alegría; es el paso necesario para alcanzar la plenitud y el sentido de la vida.

Reflexiones

Busca en la memoria alguna ocasión en la que hayas coincidido en repetidas ocasiones con algún animal salvaje. Tal vez uno alado como una libélula, una mariposa o un colibrí.

1. ¿De qué animal se trataba?
2. ¿Pensaste en ese momento que era un mensaje o que tenía un significado importante?
3. Al reflexionar ahora sobre ello, ¿crees que podría haber sido la visita de alguna mascota fallecida o que tenía algún otro significado?

Ejercicio: portales de curación enviados por los espíritus

Los espíritus de nuestros amigos animales nos visitan a menudo, tal y como lo hizo mi querida Carly en esta historia. Vienen cargados de amor, consuelo y bálsamos para aliviar nuestras heridas o transmitirnos sabiduría, consejos y, por supuesto, remedios de curación divina.

Los conocimientos y las enseñanzas que nos aportan pueden desembocar en técnicas de curación avanzada. Mencioné en el capítulo siete que Lucero, mi semental andaluz y guía desde el reino invisible, me despertó una noche para ofrecerme un método de curación que quería que aprendiera y pusiera en práctica. Bauticé a esta herramienta como los «puntos del portal de Lucero». Ha sido una técnica muy poderosa para remediar desequilibrios y bloqueos o eliminar energías negativas. Todos los animales han respondido muy bien a este tratamiento.

Puntos del portal de Lucero

Partiendo de la información que Lucero compartió conmigo aquella noche, vamos a hacer un ejercicio con una de tus mascotas con el fin de limpiar su campo energético, sanarla y, posiblemente, recibir algún mensaje que quiera enviarnos durante el proceso. Ten a mano papel y bolígrafo para poder tomar nota de lo que sucede.

1. Busca un lugar tranquilo, lejos de ruidos y distracciones, donde puedas relajarte sin que nadie te moleste.
2. Empieza por tomar una postura adecuada. Descruza los brazos y las piernas, endereza la espalda y ponte cómodo, ya sea tumbado o sentado.
3. Realiza dos respiraciones profundas y purificadoras: inhala por la nariz y exhala por la boca. Mientras inhalas piensa que estás absorbiendo la energía curativa de la

luz blanca universal y que, cuando exhalas, expulsas todas las preocupaciones, temores o dudas que puedas tener.

4. Ahora piensa en una corriente de luz blanca acudiendo a ti que, poco a poco, se introduce en el chakra de la coronilla. Después imagina que esa energía va descendiendo por tu cuerpo mientras ilumina cada rincón de tu ser.

5. Imagina que esa luz sale por la base del coxis y las plantas de los pies.

6. Observa cómo se introduce en el suelo, atravesando los niveles inferiores hasta llegar a lo más profundo de la madre tierra.

7. Dirige la atención al centro de tu corazón —chakra del corazón—, donde hay dos pequeñas puertas francesas de unos quince centímetros de altura que puedes abrir a tu voluntad.

8. Visualízate abriendo esas puertas, igual que lo haces con las ventanas de casa en un día cálido y soleado. Disfruta de la brisa reconfortante y de la luz del sol. Da las gracias por ello.

9. Sé consciente y siente el deseo de que tu corazón esté abierto a cualquier conocimiento, que puede llegar a ti de diferentes formas, y que sea en beneficio propio, de tus mascotas o de cualquier ser.

10. Ten la convicción de que, con solo hacer este ejercicio, tu corazón se ha abierto para recibir cualquier indicación que te llegue.

11. Observa cómo te sientes en este momento física, emocional y mentalmente.

12. Elige un amigo animal para trabajar.

13. Visualízalo frente a ti y, superponiendo sobre él una cuadrícula, gírala mentalmente en un ángulo de cuarenta y cinco grados, de tal modo que los cuadrados se conviertan en rombos. Es probable que el tamaño de los rombos sea superior al de los rombos de una hoja de papel cuadriculado al uso. Da libertad para que las líneas tomen una posición espontánea.

14. Fíjate en la intersección de las líneas.

15. Ahora pide a tu amigo animal que ilumine los puntos de intersección —o portales— con pequeñas lucecitas, como las de las hadas, para que limpies o equilibres su energía.

16. Trabajaremos en ellos uno por uno.

17. Solicítale que destaque la «luz» o «portal» prioritarios por el que quiere que comiences a trabajar. Concéntrate en ese punto y dirige allí toda tu energía mientras le preguntas si quiere compartir contigo alguna información sobre el desequilibrio que tratas de remediar. Si es así, anótalo mentalmente; si no, continúa con el siguiente paso.

18. Intenta una sanación completa para tu amigo animal en esa zona a nivel físico, emocional, mental y espiritual.

19. Visualiza un canal de energía curativa girando en el sentido de las agujas del reloj mientras se introduce en el punto —o portal— destacado por la luz.

20. Contempla cómo la luz se va atenuando hasta desaparecer por completo, ya que la energía curativa ha conseguido limpiar y equilibrar el portal.

21. Vuelve a preguntar si hay alguna información que tu amigo animal quiera compartir contigo.

22. Repite del paso quince al veintidós, hasta que sientas que el proceso se ha completado o estés listo para terminar la sesión.

23. Ten la certeza de que podrás volver a menudo para ayudar a tu amigo a limpiar los portales que sean necesarios.

24. Da las gracias a tu animal por el tiempo que ha pasado contigo. Agradece también esta experiencia.

25. Siente el contacto del suelo bajo los pies, haz un par de respiraciones profundas y vuelve al presente.

26. Asegúrate de anotar la información que recibas, bien en el acto, bien cuando hayas completado el ejercicio.

Te animo a que repitas el ejercicio a menudo para cuidar la conexión con tu compañero animal y ayudarlo a sanar.

Conclusiones
El despertar del alma,
tu propósito en la vida

Espero que las historias, poderosas y transformadoras, que has leído en este libro te hayan ayudado a iniciar el viaje hacia tu verdadera vocación, tal y como lo hicieron conmigo. Estaré eternamente agradecida por haber tenido el privilegio de formar parte y aprender de todas ellas, partiendo de la primera de las lecciones, en la que Jiggs me impulsó a cumplir mis sueños.

Igual que mi viaje de transformación comenzó con él, espero que estés preparado para iniciar el tuyo junto a un amigo animal. A estas alturas ya eres consciente del poder transformador y la gran sabiduría que las mascotas ponen a tu alcance. Esa certeza, junto con la colección de historias que he compartido a lo largo de estas páginas, impulsará un cambio positivo en tu vida; no importa si grande o pequeño, porque a veces los detalles más mínimos pueden tener un gran impacto.

Después de conocer las experiencias de otros a través del lenguaje escrito y trabajar de forma activa los ejercicios de la comunicación y sanación animal por tu cuenta, estoy convencida de que podrás abordar tus relaciones y tu rutina desde una perspectiva diferente. Asimismo, confío en que, tras esta lectura, te hayas abierto por completo a la comunicación animal, así como a los dones sanadores que te ofrece.

Todas las actividades dispuestas están diseñadas para ayudarte a desarrollar tus propios métodos de comunicación y sanación animal. Te prometo que, cuanto más los practiques, más realizado y recompensado te sentirás. De hecho, te sugiero que los repitas hasta dominarlos por completo. Ahora que has leído el libro entero es probable que saques aún más provecho de ellos. Te animo a seguir practicándolos hasta que te sientas cómodo y empieces a ver resultados. Reflexiona sobre el modo en que estos ejercicios se relacionan con las historias contadas y luego crea una sobre ti y tu compañero animal.

Cada relato es un poderoso recordatorio de las ocasiones en que los animales han obrado su magia en la vida de otros. Aunque las historias mencionadas cubren una amplia gama de experiencias y constituyen ejemplos maravillosos de ello, eso no significa que tengamos que encasillar a los animales en una de esas categorías: muchos de ellos pueden ayudarnos en diversas facetas y no solo las mencionadas en este libro. No hay límite para el poder transformador de tu mascota. Pero debemos buscar este conocimiento, estar abiertos a él y recibirlo con gratitud.

En cuanto a mí, haber podido revivir cada una de estas historias mientras las recopilaba en un libro ha sido una experiencia renovadora. Cada historia me ha resultado tan alentadora como lo fue entonces y estoy agradecida por haber podido formar parte de cada una de ellas. Y es que tengo el privilegio de poder usar mi vocación para ayudar a transformar las vidas de otras personas.

Cuando echo la vista atrás no puedo evitar pensar en lo lejos que he llegado desde que empecé mi viaje espiritual con

Jiggs. Siempre le estaré agradecida por su orientación, así como por todos los acontecimientos que me llevaron a iniciarme en el mundo espiritual y a encontrar mi verdadera vocación. También le doy las gracias por seguir comunicándose conmigo y aprecio su voluntad de continuar apoyándome a mí, a mis clientes y a mis alumnos desde el reino invisible. Aunque lo echo de menos en el plano terrenal, sé que me acompaña todo el tiempo, igual que los otros animales que he mencionado y otros muchos que no he podido mencionar.

Trisha McCagh, comunicadora animal, educadora y escritora, afirmaba lo siguiente: «Los animales son el puente entre nosotros y la belleza de todo lo que es natural, nos muestran lo que falta en nuestras vidas y nos enseñan a amarnos de forma más completa e incondicional. Nos ayudan a reconectar con nosotros mismos y nos impulsan hacia el propósito para el que hemos nacido.»[10] Esta cita es un hermoso recordatorio de que tanto animales como humanos hemos venido al mundo para cumplir con un destino divino y que podemos trabajar juntos para alcanzar la iluminación y objetivos más elevados. Al hacerlo seremos más conscientes de nuestros actos y más capaces de ayudar a otros en su viaje vital. Los animales no son simples mascotas, sino compañeros, socios, guías, sanadores, catalizadores y puentes. Debemos acercarnos a ellos como los seres divinos que son, poseedores de una profunda sabiduría y apoyo que nos quieren regalar.

Cada uno de nosotros tiene un alma y podemos despertar a todas las posibilidades que se nos brindan. Podemos trabajar en equipo junto a otros espíritus —animales o humanos— para

---

10. Trisha McCagh, *Stories from the Animal Whisperer*, por medio de la editorial Allen & Unwin.

alcanzar nuestro propósito en la vida. Como ya habrás notado, la transformación, la guía y la curación en las personas nombradas a lo largo de este libro solo se produjeron cuando adoptaron una actitud abierta y se sintieron preparadas para ello.

No importa en qué punto del camino te encuentres; cuando descubras todo lo que los animales tienen para compartir contigo, te transformarás mucho más allá de lo que nunca hubieras imaginado. ¿Estás preparado para ver a dónde te lleva este viaje?

Para más información...

Ahora que ya te has familiarizado con ciertos conceptos y has experimentado la comunicación animal, puede que quieras profundizar en lo aprendido. Una buena forma de continuar con tu viaje son los dos cursos gratuitos que ofrezco en mi página web:

1. «Conectando con el corazón de nuestro compañero animal» te ayudará a abrirte a conexiones más intensas con los animales, así como a mejorar ciertos aspectos de tu vida. Se trata de un audio dividido en seis partes que incluye un cuaderno de ejercicios y el acceso a un seminario web. Puedes encontrarlo aquí: lynnmckenzie. com/training/

2. «La comunicación y la sanación animal», una clase magistral *online* de noventa minutos que cubre los siguientes contenidos:

    a. Los tres caminos hacia la maestría de la comunicación animal y cómo saber cuál es el más indicado para ti.

    b. La habilidad que debes trabajar para mejorar la comunicación animal y sentirte cien por cien seguro de tus habilidades comunicadoras.

    c. El elemento clave para conocer en profundidad a tu compañero animal, de modo que siempre sepas lo que quiere o necesita.

d. El secreto de la energía en la comunicación animal,
a menudo pasado por alto, que te acercará a tu compañero animal casi al instante.

Podrás acceder a la clase aquí:

www.AnimalEnergyCertification.com

También ofrezco programas de formación más extensos o
cursos a distancia sobre una variedad de temas que te ayudarán
en las distintas áreas de la comunicación animal, el desarrollo
psíquico y el dominio de la clarividencia, de los que podrás
aprender más en mi página web: LynnMcKenzie.com. Si te
sientes invitado a profundizar en cualquiera de estos temas o
deseas hacer de este nuevo camino una vocación, te animo a
que le eches un vistazo.

Agradecimientos

Quiero dar las gracias a mi familia por el amor y el apoyo inquebrantables que me han brindado a lo largo de la vida en general y de este proyecto en particular, sobre todo a mi madre, Helen Madsen, por las incontables horas dedicadas a escuchar o leer las distintas versiones de este libro…, ¡nada menos que con noventa años!

Agradezco a todos mis amigos el apoyo, el entusiasmo y la comprensión que mostraron mientras me recluía para planificar, escribir y editar esta obra, periodo durante el cual no estuve disponible para mucho más. Si eres uno de los que me regaló su tiempo escuchando o leyendo, nunca sabrás todo lo que eso me ayudó. Sobre todo, me gustaría dar las gracias a Linda Pizzale, quien en incontables conversaciones telefónicas analizó cada detalle del libro, me escuchó y me ayudó a exponer mis ideas con mayor claridad, aportando sugerencias u opiniones sinceras en cada momento. Eres una joya y has ido más allá del deber de una amiga.

Un agradecimiento particular a Tamara Beach, Melinda Folse y Sam Horn: sin ellos, este libro no habría nacido.

Me gustaría homenajear a mis clientes y a mis estudiantes, así como expresarles mi más sincera gratitud por inspirarme día tras día desde 1993, sobre todo a quienes me han permitido compartir sus historias aquí. Incluso aquellos relatos que

312 • LADRA, RELINCHA, MAÚLLA

no he elegido para este libro son una fuente inagotable de inspiración, gracia y gratitud en mi vida.

También, un reconocimiento especial a mi agente literaria, Sharon Bowes; a mi editor, Llewellyn Worldwide, y a mi principal contacto con la industria del libro, la editora de adquisiciones Angela Wix.

Y, cómo no, a los animales: ¡lo sois todo!

Me encontrarás
en redes sociales

Puedes seguirme en Facebook, donde tengo una página llamada
«Like my Animal Alchemy»:
www.facebook.com/AnimalAlchemyLynnMcKenzie.
También puedes seguirme en Twitter
(twitter.com/animalenergy)
o suscribirte a mi canal de YouTube
(www.youtube.com/user/AnimalEnergyHealing).

Bibliografía

Andrews, T. (1998). *Animal Speak: The Spiritual & Magical Powers of Creatures Great and Small.* Woodbury. Llewellyn

Coates, M. (2012). *Hands-On. Healing for Pets: the Animal Lover's Essential Guide to Using Healing Energy.* Random House.

Dass, R. (1971). *Be Here Now.* Lama Foundation

Heather, J.; Quinn, T.; Biringer, R.; Hussein, M.; Smeriglio, C.; Barrueto, L.; Finizio, J.; Huang, M. (2019). «Accuracy of Canine Scent Detection of Lung Cancer in Blood Serum». *The FASEB Journal*, 33 n.º 1

Abraham, M. (1966). *The Psycholgy of Science: a Reconnaissance.* Harper & Row.

McCagh, T. (2010). *Stories from the Animal Whisperer. What your Pet Is Thinking and Trying to Tell You.* Allen & Unwin.

Müller, C.; Schmitt, A.; Barber, A.; Huber, L. (2015). «Dogs Can Discriminate Emotional Expressions of Human Faces». *Current Biology*, 25, n.º 5.

Nakamura, K.; Ayaka, T.; Hasegawa, T. (2018). «Cross-Modal Perception of Human Emotion in Domestic Horses». *Scientific Reports*, 8, n.º 1.

Nawroth, C.; Albuquerque, N.; Savalli, C.; Single, M. S.; McElligott, A. (2018). «Goats Prefer Positive Human Emotional Facial Expressions». *Royal Society Open Science*, 5, n.º 8.

William, S. (1910). *Henry V. The Bankside Acting Edition of Shakespeare*. Gardner.

Smith, A. V.; Proops, L.; Grounds, K.; Wathan, J.; McComb, K. (2012). «Functionally Relevant Responses to Human Facial Expressions of Emotion in the Domestic Horse». *Biology Letters*, 12, n.º 2.

Stein, D. (2012). *Natural Remedy Book for Dogs and Cats*. Crossing Press.

Sobre la autora

Lynn McKenzie (Cottonwood, condado de Yavapai, Arizona) es una experta en el campo de la intuición y la energía animal con más de treinta años de experiencia. Ha asesorado a más de cien mil clientes y ofrece programas relacionados con la comunicación animal, la sanación, el crecimiento espiritual, la transformación personal, el desarrollo psíquico, la clarividencia y la curación de los chakras.